Perspectives contentieuses des réformes de la justice administrative

Ouvrage sous la direction de
Catherine Teitgen-Colly

Perspectives contentieuses des réformes de la justice administrative

L.G.D.J
lextenso éditions

33, rue du Mail, 75081 Paris Cedex 02

ISBN : 978-2-275-03644-1

ISSN : 0987-9927

Des remerciements particuliers doivent être adressés à l'Association des juristes de contentieux public – AJCP, issue du master 2 professionnel « Contentieux public » – de l'Université Paris I (Panthéon-Sorbonne) pour sa contribution, tant à l'organisation du colloque consacré aux « perspectives contentieuses des réformes de la justice administrative » tenu à l'Assemblée nationale le 15 mai 2009, qu'à la transcription des interventions ici rassemblées, et en particulier à :

• Julien Lalanne, président de l'AJCP en 2008-2009, diplômé du master 2 professionnel – Contentieux public – de l'Université Paris I (Panthéon-Sorbonne) et du master 2 recherche – Droit public approfondi – de l'Université Paris II (Panthéon-Assas).

• Vincent Malbert vice-président de l'AJCP en 2008-2009, diplômé du master 2 professionnel – Contentieux public – de l'Université Paris I (Panthéon-Sorbonne) et du master 2 recherche – Droit public approfondi – de l'Université Paris II (Panthéon-Assas).

• Malika Boukharssa, Secrétaire générale de l'AJCP en 2008-2009, diplômée du master 2 professionnel – Contentieux public – de l'Université Paris I (Panthéon-Sorbonne) et assistante de justice au tribunal administratif de Toulouse.

• Florian Poulet, Trésorier de l'AJCP en 2008-2009, diplômé du master 2 professionnel – Contentieux public – de l'Université Paris I (Panthéon-Sorbonne) et du master 2 recherche – Droit public approfondi – de l'Université Paris II (Panthéon-Assas) et assistant de justice au Conseil d'État.

SOMMAIRE

AVANT-PROPOS

Catherine Teitgen-Colly
Professeur à l'École de droit de la Sorbonne
(Université de Paris I, Panthéon-Sorbonne),
Directrice du master 2 professionnel « Contentieux public »

Observant peu après son installation en octobre 2006 qu'« il n'est pas de décennie qui, depuis 1799, n'ait été une époque de changement ou d'innovation » pour la juridiction administrative, le vice-président du Conseil d'État ajoutait que « loin de n'être justifiée que par l'histoire (…), la juridiction administrative est avant tout légitimée par le service qu'elle rend aux justiciables et, à cette fin par sa vitalité et ses capacités d'innovation et d'adaptation »[1]. Ainsi la réforme serait pour le Conseil d'État « un rythme naturel, une respiration qui lui permet de répondre aux exigences – et aux controverses – de son temps », en bref, « un élément de son identité », mais aussi, dès lors qu'il s'agit de renforcer les droits des justiciables et la qualité de la justice, « un devoir impérieux »[2].

S'inscrivant dans cette « tradition réformatrice » qui serait « au fondement même de la juridiction administrative », le vice-président du Conseil d'État Jean-Marc Sauvé a, dès sa prise de fonctions, exprimé sa volonté réformatrice par l'institution au sein de la juridiction administrative de plusieurs groupes de travail – neuf pour le Conseil d'État et sept pour les tribunaux administratifs et les cours administratives d'appel – auxquels il a donné mission de réfléchir à la modernisation et à l'adaptation de la justice administrative en prenant en compte notamment la croissance exponentielle du contentieux et les exigences européennes du procès équitable[3]. La vaste réflexion collégiale alors entreprise n'a ignoré ni la question du statut des membres de la juridiction administrative, objet d'un projet de loi encore à venir, ni la fonction consultative du Conseil d'État d'ores et déjà renforcée par le décret du

1. J-M. Sauvé, « La réforme de la justice administrative », conférence à la Faculté de droit de Poitiers, 28 novembre 2008 ; le texte est accessible sur le site du Conseil d'État.
2. J-M. Sauvé, « La réforme de la justice administrative », préc.
3. « Questions à… B. Stirn », *AJDA*, 14 janvier 2008, p. 4.

6 mars 2008 et désormais mieux dissociée du point de vue structurel de la fonction juridictionnelle, ce afin de satisfaire à l'exigence d'impartialité objective fermement requise pour toute juridiction par la Cour de Strasbourg. Mais elle s'est aussi penchée, et même à titre principal, sur la fonction proprement juridictionnelle.

L'important rapport présenté en juin 2007 par le Groupe contentieux présidé par Bernard Stirn, président de la Section du contentieux, sur la base de dix pistes évoquées par le vice-président dans sa lettre de mission, a défini les grands axes de la réforme du contentieux, précisément cinq « thèmes structurants », à savoir la réduction de la pression contentieuse, la diversification du traitement juridictionnel des dossiers, l'évolution des méthodes de travail, enfin un certain nombre de réformes de structures, de procédure et de forme. Deux groupes de travail complémentaires ont également été constitués pour réfléchir plus précisément à la question du calendrier et de la clôture de l'instruction, ainsi qu'à celle de l'action de groupe, tandis que des études plus spécifiques étaient menées à propos des recours administratifs préalables obligatoires[4] et du contentieux fiscal[5]. L'ensemble de cette réflexion a conduit à divers projets de réformes qui ont, selon le vice-président du Conseil d'État, fait de l'année 2009, « l'année où les fondements de réformes majeures pour l'avenir auront été posés » [6].

Si cette année a ainsi été marquée par des réformes ayant pour objet d'améliorer l'organisation et le fonctionnement de la juridiction administrative et qui ont été initiées par celle-ci, elle l'a aussi été par des réformes venues de l'extérieur sur lesquelles le Conseil d'État a toutefois été appelé à s'exprimer dans le cadre de sa fonction consultative et qui, bien que ne poursuivant pas un tel objectif, ne sont pas pour autant restées sans incidence sur la juridiction administative. Tel est le cas d'abord de la révision constitutionnelle du 23 juillet 2008 portant modernisation des institutions de la Ve République[7] qui a élargi la fonction consultative du Conseil d'État[8] et surtout placé le juge administratif (comme d'ailleurs le juge judi-

4. *Les recours administratifs préalables obligatoires,* Rapport d'étude du Conseil d'État, sous la dir. d'O. Schrameck, La Documentation française, sept. 2008.
5. P. Delvolvé et F. Moderne, « Entretien avec le président B. Stirn, président de la Section du contentieux du Conseil d'État », *RFDA*, mars-avril 2008, p. 215.
6. Conseil d'État, *Rapport public 2010,* La Documentation française, p. 11.
7. P. Delvolvé, « L'apport de la réforme constitutionnelle au droit administratif », *RFDA* 2008, p. 861.
8. Élargissement notamment aux propositions de loi (art. 39, al. 3) par lequel le constituant a renoué avec la tradition des IIe et IIIe Républiques.

ciaire) en première ligne dans le contrôle *a posteriori* de la constitutionnalité de la loi en permettant désormais à tout requérant de soulever devant ces juges, de manière incidente à l'occasion d'un recours principal, le moyen de droit tenant à l'inconstitutionnalité d'une loi promulguée. Tel est le cas aussi de réformes engagées dans des domaines plus spécifiques comme celui de l'accès au logement social ou celui de la commande publique qui ont conduit à l'introduction de nouveaux recours contentieux : le recours DALO et le référé contractuel.

L'ampleur des réformes entreprises et leur impact sur le contentieux administratif expliquent que le master 2 professionnel « Contentieux public » de l'Université Paris I (Panthéon-Sorbonne), et l'association des juristes de contentieux public (AJCP) qui en est issue[9], aient souhaité s'interroger sur « les perspectives contentieuses des réformes de la justice administrative » en retenant ce thème pour leur colloque annuel, qui s'est tenu à l'Assemblée nationale le 15 mai 2009. Fruit de ce colloque, le présent ouvrage retrace ces perspectives en s'attachant successivement aux réformes de la procédure contentieuse administrative, à l'introduction dans le contentieux administratif de la question, alors dite préjudicielle, de constitutionnalité, enfin, à l'instauration de nouveaux recours contentieux.

I – Les **réformes de la procédure contentieuse administrative** auxquelles est consacrée la première partie de cet ouvrage résultent essentiellement de la réflexion menée en interne par la juridiction administrative.

De manière introductive, le vice-président du Conseil d'État brosse ici les grandes lignes de la réforme entreprise en en rappelant les raisons, tout à la fois classiques tenant à la maîtrise de la pression contentieuse dictée par l'exigence récurrente d'efficacité et de qualité de la justice, et plus contemporaines, à savoir satisfaire au double impératif du procès équitable auquel la cour de Strasbourg veille rigoureusement et à celui de l'unité de l'ordre des

9. Créée en 1993 par les étudiants de la première promotion du diplôme, alors DESS « Contentieux public » devenu master 2 professionnel, l'AJCP a pour vocation d'entretenir les relations entre les plus de trois cents étudiants issus du diplôme et qui sont devenus avocats spécialisés en droit public, magistrats administratifs, juristes d'entreprise ou de l'administration, fonctionnaires européens… Elle organise chaque année dans le cadre du Master 2 « Contentieux public » un colloque portant sur un thème concernant le contentieux public.

juridictions administratives. Il en souligne également la méthode à la fois pragmatique et progressive, interne et concertée observant à cet égard que la juridiction administrative ne saurait être simplement « le point d'application » de réformes, elle doit en être « aussi l'origine et le vecteur » et mettre au service de la réforme à la fois son indépendance et « la force créatrice de droit » dont elle fait preuve dans la construction d'un droit administratif encore très largement prétorien[10]. Cette « tradition d'initiative interne », incarnée dans les noms illustres cités ici des vice-présidents promoteurs de réforme que furent Laferrière et Cassin[11], répond également au souci de favoriser une adhésion plus grande des juges aux réformes qu'ils sont appelés à mettre en œuvre. Mais elle vise au-delà, à éviter le risque de dénaturation de la juridiction que comporte une réforme entreprise à l'extérieur de l'institution. Ainsi Laferrière avait préféré trouver des expédients en interne pour régler le problème d'engorgement de la juridiction administrative pour éviter une réforme parlementaire d'envergure risquant de priver la juridiction de sa fonction consultative et d'une partie de sa fonction contentieuse au profit du juge judiciaire. Si ces craintes peuvent n'être pas illégitimes - et ce d'autant que depuis 1945, la seule réforme de l'extérieur fut celle imposée par le général de Gaulle pour museler le Conseil d'État en 1963 à l'issue de l'arrêt Canal,- force est néanmoins de s'interroger sur une méthode d'auto-réforme, prônée et privilégiée depuis 1945 qui conduirait à tenir le Parlement à l'écart d'une réflexion sur une institution essentielle pour la garantie des droits des citoyens.

L'hypothèse n'est pas d'école puisque c'est précisément par la voie réglementaire et non par la voie législative, que le gouvernement avait souhaité en 2009 réformer la justice administrative en insérant à cette fin, lors de l'examen par l'Assemblée nationale du projet de loi relatif à la mobilité et aux parcours professionnels dans la fonction publique, une disposition l'habilitant à y procéder par ordonnance[12]. Soucieux de voir le projet aboutir[13] mais craignant

10. J-M. Sauvé, « La réforme de la justice administrative », *préc.*

11. O. Henry, « Le vice-président du Conseil d'État », *RDP* 1995, p. 731.

12. Voir le rapport supplémentaire fait au nom de la commission des lois de l'Assemblée nationale sur le projet de loi (n° 845), adopté par le Sénat, après déclaration d'urgence, relatif à la mobilité et aux parcours professionnels dans la fonction publique, par J.-A. Bénisti, n° 1766, 17 juin 2009.

13. Dans une lettre adressée le 8 juillet 2009 aux présidents de la juridiction administrative, le vice-président relève que « cette issue de la CMP, dont l'éventualité n'a été nullement sous estimée et que le Gouvernement, comme le Conseil d'État

aussi, a-t-on relevé, de le voir « détricoté par les parlementaires, voire même que certains d'entre eux en profitent pour remettre en cause certaines spécificités de la juridiction administrative comme lors de l'amendement Warsmann sur le projet de loi constitutionnelle réformant les institutions »[14], le vice-président du Conseil d'État s'est heurté dans son soutien à l'initiative gouvernementale aux syndicats de la juridiction administrative lesquels critiquaient la procédure suivie mais aussi le contenu de la réforme envisagée de nature à conduire à « une justice à deux vitesses », et oublieuse, « à force de parler de performance et de rendement », que la justice n'est pas « une entreprise »[15]. Si finalement la commission mixte paritaire s'y est opposée au motif qu'une réforme portant notamment sur le statut des magistrats administratifs, ne devait pas être renvoyée à une ordonnance de l'article 38 de la Constitution[16], la controverse, et même la crise au sein de la juridiction administrative[17], ont mis en cause le constat initialement dressé d'« une adhésion collective aux réformes en cours dans la juridiction administrative »[18].

Le rejet de la réforme du Code de justice administrative par voie d'ordonnance n'a cependant pas marqué son abandon et c'est désormais par la voie législative que la réforme doit se poursuivre ; une réforme s'attachant d'une part, à la consolidation du statut des juges administratifs par la consécration expresse de leur qualité de magistrat et diverses dispositions tenant notamment à l'ouverture

se sont attachés sans succès à éviter, tient à l'opposition d'une partie des sénateurs à la méthode d'adoption de la réforme de la juridiction administrative et non pas à son contenu : le recours à une habilitation du Gouvernement a en effet été regardé comme inapproprié dans cette matière et il a été d'autant plus critiqué que le Sénat n'avait pu délibérer à aucun moment du texte en cause ». Lettre citée dans « La réforme "Sauvé" de la juridiction administrative ne se fera pas par ordonnance », 9 juillet 2009, blog *Combats pour les droits de l'homme*.

14. « La réforme "Sauvé" de la juridiction administrative… », préc.

15. Voir la critique du président du SJA dénonçant le fait que « faire progresser la justice administrative n'est pas faire régresser les juridictions administratives » ; R. Le Goff, « Malaise dans les tribunaux administratifs et les cours administratives d'appel » *AJDA*, 4 mai 2009, p. 849.

16. Voir le rapport n° 550 (2008-2009) de H. Portelli, sénateur et J.-A. Benisti, député, fait au nom de la commission mixte paritaire, déposé le 8 juillet 2009.

17. Controverse marquée par un mot d'ordre de grève des syndicats de la magistrature administrative- l'Union syndicale des magistrats administratifs (USMA) et une partie du Syndicat de la juridiction administrative (SJA) – pour le 4 juin 2009, « La réforme "Sauvé" de la juridiction administrative ne se fera pas par ordonnance », 9 juillet 2009, blog *Combats pour les droits de l'homme.*

18. Adhésion relevée par le président de la Section du contentieux du Conseil d'État, B. Stirn, dans les colonnes de l'*AJDA* du 14 janvier 2008, p. 4, préc.

de leur recrutement, leur formation, leur affectation et leur avancement, ainsi qu'à la déontologie, d'autre part, au renforcement de l'unité de la juridiction administrative, notamment par un accès facilité des juges territoriaux au Conseil d'État ou encore la mise en place d'un collège commun de déontologie. Elle comprend enfin certaines dispositions d'ordre procédural[19]. Alors que cette réforme législative est encore à venir, il en va différemment des réformes réglementaires issues de la réflexion menée depuis 2007 qui ont quant à elles été adoptées par retouches successives et rénové au fil de textes la procédure contentieuse administrative en contribuant ce faisant à sa formalisation.

Trois volets de cette rénovation sont ici analysés qui concernent la répartition des compétences dans la juridiction administrative, le rôle nouveau imparti à deux des acteurs du procès administratifs que sont le rapporteur public et l'avocat, enfin l'instauration d'une action collective.

Rappelant la perspective historique dans laquelle s'inscrit **la répartition des compétences au sein de la juridiction administrative**, à savoir l'émergence d'un véritable ordre des juridictions administratives permise par la double réforme d'envergure menée par ses prédécesseurs René Cassin et Marceau Long – celle du 20 juillet 1953 érigeant les nouveaux tribunaux administratifs en juges de droit commun, et celle du 30 décembre 1987 permettant par l'institution des cours administratives d'appel de dresser « une impeccable pyramide »[20] – le vice-président du Conseil d'État aborde les perspectives nouvelles de répartition des compétences tant entre les juridictions administratives qu'en leur sein. Deux objectifs principaux se dégagent : d'une part, faire du Conseil d'État une véritable cour suprême en le délestant au maximum de ses compétences autres, notamment comme juge de première instance, et parachever ainsi la réforme de 1953 restée « au milieu du gué », d'autre part, traiter le contentieux de manière plus adaptée à sa diversité, afin notamment d'accélérer son traitement en recourant plus souvent au juge unique.

19. Sénat, Avis n° 106 (2009-2010) d'Y. Detraigne et S. Sutour au nom de la commission des lois sur le projet de loi de finances pour 2010 : Justice et accès au droit, 19 novembre 2009.
20. P. Mazeaud, « La loi du 31 décembre 1987 portant réforme du contentieux administratif », *Juger l'administration, administrer la justice - Mélanges en l'honneur du Président Labetoulle*, Dalloz, 2007.

Le décret du 22 février 2010 relatif aux compétences et au fonctionnement des juridictions administratives est venu depuis concrétiser les perspectives ici dessinées en matière de répartition des compétences entre les juridictions administratives[21]. Par ailleurs, et au-delà de dispositions relatives à la création de nouvelles formations de jugement, il favorise la lisibilité pour le justiciable de la procédure et renforce la conduite du procès par le juge grâce à diverses innovations procédurales comme l'information du justiciable sur la date d'audience assortie d'un nouveau mode de clôture de l'instruction, la production sur invitation du juge de mémoires récapitulatifs afin de permettre une mise en l'état plus rapide des affaires, une réforme de l'expertise visant à assurer son meilleur encadrement par le juge, le recours à des avis techniques et à la procédure de l'*amicus curiae* qui doit permettre à la juridiction administrative de bénéficier de l'expertise de tiers à même de l'éclairer dans les débats contentieux les plus complexes, et de l'ouvrir ce faisant sur le monde extérieur selon une tradition léguée par René Cassin et à laquelle l'actuel vice-président se montre attaché. En revanche, le décret ne concrétise pas la perspective évoquée par le vice-président d'une réduction de la collégialité afin d'accélérer, par le recours à un juge unique, le traitement contentieux des affaires. Mais cet objectif pourrait être poursuivi à travers d'autres moyens, comme la dispense des conclusions du rapporteur public envisagée dans le cadre d'un projet de loi à venir[22].

La substitution du **rapporteur public** au séculaire « commissaire du gouvernement » dont Jacques Arrighi de Casanova évoque le long cheminement jusqu'à sa consécration par le décret du 7 janvier 2009, illustre le caractère progressif de la réforme. Tout en procédant à ce changement de dénomination hautement symbolique, le décret s'attache à renforcer le contradictoire en officialisant la pratique de la communication du « sens » des conclusions

21. Décret n° 2010-164 du 22 février 2010, *JO,* 23 févr. 2010, D. Chauvaux et J. Courtial, « Le décret du 22 février 2010 relatif aux compétences et au fonctionnement des juridictions administratives », *AJDA*, 29 mars 2010, p. 605 ; B. Noyer et F. Melleray, « Une nouvelle étape de la réforme des juridictions administratives. Commentaire du décret n° 2010-164 du 22 février 2010 relatif aux compétences et au fonctionnement des juridictions administratives », *DA* 2010, n° 5 ; B. Defoort, « Le décret du 22 février 2010 : une nouvelle étape dans la réforme de la justice administrative », *Gaz. Pal.*, 23 mars 2010, n° 82, p. 12.
22. Voir l'avis précité d'Y. Detraigne et S. Sutour du 19 novembre 2009 et l'inquiétude suscitée par cette dispense dans les syndicats de la juridiction administative.

du rapporteur public avant l'audience aux parties (ou à leurs mandataires) et en instituant la possibilité d'y répondre, non plus simplement par la pratique de la note en délibéré, mais par de « brèves observations » à l'audience. Nul doute que ces dispositions qui visent à adapter la juridiction administrative aux exigences européennes du procès équitable[23] auxquelles Jean-Marc Sauvé a déclaré vouloir non plus « se plier » mais « répondre sans restriction et sans combat d'arrière-garde »[24], ne sont pas sans portée sur le procès administratif. D'une part, le renforcement d'une oralité, déjà introduite dans le cadre des procédures de référé par la loi du 30 juin 2000 mais étrangère à la culture du juge administratif, contribue à sa transformation. D'autre part, la traditionnelle unité de la justice administrative se voit affectée par la présence désormais variable du rapporteur public au délibéré selon la juridiction en cause [25], de même que par la possibilité qui lui est offerte à titre expérimental jusqu'au 31 décembre 2011, de conclure devant certaines juridictions avant les observations des parties, laquelle conduit à l'inversion du déroulement traditionnel du procès administratif.

Le sort du rapporteur public n'est toutefois pas définitivement scellé ainsi que le relèvent les contributions au débat rassemblées à la fin de cet ouvrage. D'une part, la Cour européenne n'a pas définitivement réglé dans sa décision *UFC Que choisir* ? du 30 juin 2009 la question de la transmission de la note du rapporteur et de son projet de décision au seul rapporteur public et non aux parties donc mis un terme au risque de « *Slimane Kaïdisation* » du rapporteur public tant redouté par le Conseil d'État[26]. D'autre part, la question très controversée du principe même de conclusions du rapporteur public à l'audience publique reste à l'ordre du jour, le vice-président du Conseil d'État souhaitant y renoncer pour accélérer le traitement de certains contentieux très balisés par la jurisprudence ou dans des affaires ne présentant à juger que des

23. La Cour de Strasbourg a depuis validé la présence « taiseuse » devant le Conseil d'État du rapporteur public au délibéré à la condition que les parties soient informées dans l'avis d'audience de la faculté qui leur est offerte de récuser sa présence, CEDH, 15 sept. 2009, *Mme Etienne c/ France*.

24. J-M Sauvé, « La réforme de la justice administrative », préc.

25. Différenciation qui pourrait compromettre l'égalité devant la justice (v. en ce sens, B. Pacteau, « Du commissaire au rapporteur, suite… et à suivre », *RFDA*, janv.-févr. 2009, p. 70).

26. Voir J. Arrighi de Casanova, *infra* p. 188 ; voir également sur le blog *Combats pour les droits de l'homme* : « Le rapporteur public sauvé (provisoirement) par une radiation du rôle providentielle ».

questions de fait ; le dossier et le débat oral à l'instance devant alors suffire à éclairer le juge [27]. Le projet de loi portant réforme du Code de justice administrative prend acte de ce souhait en disposant, dans une formulation qui reprend les cas d'exception au principe de collégialité prévus par l'article L. 222-1 du Code de justice administrative, que « le rapporteur public expose ses conclusions à l'audience, sauf dans les cas où l'objet du litige ou la nature des questions à juger permettent de l'en dispenser »[28]. Donnant au rapporteur public un pouvoir discrétionnaire pour apprécier dans les affaires en cause s'il y a lieu de conclure ou pas à l'audience publique, cette disposition qui autorise ainsi des conclusions « à la carte » soulève la question de sa conformité au principe d'égalité devant la justice. De même, le grief d'inconstitutionnalité tenant à l'incompétence négative du législateur pourrait être soulevé à propos de la détermination par décret en Conseil d'État des matières ouvrant un tel choix au rapporteur public, et ce d'autant que le renoncement par le rapporteur public à ses conclusions lors de l'audience publique n'est pas sans portée pour les parties du fait du renforcement récent du contradictoire à l'audience[29].

Le souci d'accélération du traitement du contentieux est également à l'origine de l'ouverture par le vice-président du Conseil d'État en 2008 d'une réflexion sur l'introduction dans le contentieux administratif d'une **action collective** dont Paul Cassia rend compte ici. Le rapport Bélaval du 5 mai 2009, du nom du conseiller d'État chargé de mener cette réflexion, conclut à l'intérêt d'une telle procédure dans le contentieux administratif. Cette procédure est distincte de celle préconisée en matière civile. En effet, il ne s'agit pas ici de favoriser avant tout l'accès au juge pour les « petits litiges », mais principalement de réduire les délais contentieux pour le traitement de certaines affaires dites de « série », c'est-à-dire qui présentent toutes à juger la même question

27. J.-M. Sauvé, « La réforme de la justice administrative… », préc. Le président du Syndicat de la juridiction administrative a pour sa part fait état de « la vive opposition des juridictions administratives territoriales à la réduction du champ d'action du rapporteur public et de la collégialité, ainsi qu'à la généralisation des ordonnances », « Malaise dans les tribunaux administratifs et les cours administratives d'appel », *AJDA*, 4 mai 2009, p. 849.
28. Article L. 732-1, C. just. adm. Ce texte peut être consulté sur le site du SJA ; voir également S. Blondel, *AJDA*, 16 févr. 2009.
29. Sont concernés les contentieux des refus de séjour assortis d'une obligation de quitter le territoire français (OQTF) opposés aux étrangers et celui des retraits de points sur le permis de conduire.

de droit déjà tranchée par une juridiction de manière définitive. En outre, elle ne constitue pas la même innovation qu'en matière civile dans la mesure où le contentieux administratif, même s'il ne la permet qu'à des conditions drastiques qui rendent son usage marginal, n'ignore pas l'action collective pour la défense d'intérêts individuels. Reste que l'introduction d'une procédure d'action collective, appelée à se concrétiser dans un projet de loi[30], soulève de multiples questions relatives tant aux conditions de sa mise en œuvre qu'à la portée conférée aux jugements rendus sur une telle action.

II – La deuxième partie de cet ouvrage rend compte des perspectives contentieuses ouvertes par la loi constitutionnelle du 23 juillet 2008 qui introduit un contrôle *a posteriori* de la constitutionnalité des lois en cas d'atteinte portée « aux droits et libertés que la Constitution garantit » selon la formule de son nouvel article 61-1. Les contributions ici réunies offrent une triple approche de la question alors dite « préjudicielle » de constitutionnalité, selon la qualification ayant prévalu dans le débat parlementaire lors de la révision constitutionnelle du 23 juillet 2008, et devenue que plus tard sous la plume du législateur organique « **question prioritaire de constitutionnalité** » ; la loi organique du 10 décembre 2009 relative à l'application de l'article 61-1 de la Constitution réglant ce faisant une question essentielle que le constituant s'était abstenu de trancher.

Portant son attention sur le juge administratif et la question préjudicielle, Michel Verpeaux livre l'approche d'un constitutionnaliste sur le nouveau mécanisme en mettant l'accent d'une part, sur la procédure qui fait de la question préjudicielle non pas une exception d'inconstitutionnalité mais une procédure originale dans laquelle le Conseil constitutionnel exerce le rôle d'une véritable juridiction, d'autre part, sur le contrôle de constitutionnalité de la loi dont le champ, le contenu et la portée sont ici précisés. Nul doute cependant que si l'approche constitutionnaliste conduit à souligner le renforcement du rôle du Conseil constitutionnel tant

30. Le vice-président Sauvé a indiqué en avril 2010 à l'occasion de la réunion annuelle des présidentes des cours administratives d'appel et des tribunaux administratifs que cette procédure figurerait dans le projet de loi de réforme de la justice administrative appelé à remplacer le projet d'ordonnance un temps envisagé, S. Blondel « la situation des tribunaux administratifs s'améliore mais reste fragile », *AJDA*, 3 mai 2010, p. 869.

par l'extension de son champ de compétence que par la portée nouvelle donnée aux décisions qu'il rend en réponse à de telles questions de constitutionnalité, les juridictions administratives et judiciaires voient elles aussi leur rôle renforcé puisqu'il leur revient d'apprécier la recevabilité des QPC et d'examiner si les conditions de transmission de la question par les juges du fond aux cours suprêmes et du renvoi par ces dernières au Conseil constitutionnel sont remplies ; soit un double filtrage qui modifie l'office de ces juges lesquels sont notamment conduits à apprécier le sérieux de la question de constitutionnalité soulevée qui constitue l'une des trois conditions posées tant à sa transmission aux cours suprêmes qu'à son renvoi au Conseil constitutionnel (ord. 7 nov. 1958, modif. art. 23-2,3° et 23-4).

L'on ajoutera que l'introduction de la QPC dans la Constitution a par ailleurs fourni au Conseil constitutionnel dans sa décision n° 2009-595 DC du 3 décembre 2009 relative à la conformité de la loi organique à la Constitution l'occasion de relever que par les articles 61-1 et 62, « le constituant a confié au Conseil d'État et à la Cour de cassation, juridictions placées au sommet de chacun des deux ordres de juridiction reconnus par la Constitution, la compétence pour juger si le Conseil constitutionnel doit être saisi de cette question de constitutionnalité » (consid. 3). En constitutionnalisant expressément de la sorte le principe de dualité des ordres de juridictions administratives et judiciaires, le Conseil poursuit un travail de constitutionnalisation de l'existence de la juridiction administrative déjà entrepris à travers l'affirmation dès 1980 du principe constitutionnel l'indépendance de la juridiction administrative, puis en 1987 d'un champ constitutionnel de compétences de la juridiction administrative[31] ; constitutionnalisation confirmée depuis par le Constituant lui-même [32]. Cette onction constitutionnelle prend tout son relief eu égard aux critiques adressées à la juridiction administrative lors de la révision constitutionnelle de 2008 à l'occasion d'un amendement parlementaire relatif à l'article 34 de la Constitution qui visait à donner plus de latitude au législateur en matière de répartition des contentieux entre les deux ordres de juridiction, dans la perspective de le voir réduire à terme

31. Voir respectivement les décisions n° 80-119 DC du 22 juillet 1980 (validations législatives) et n° 86-224 DC du 23 janvier 1987 (Conseil de la concurrence).
32. L'article 74 de la Constitution fait état depuis la révision du 28 mars 2003 d'« un contrôle juridictionnel du Conseil d'État » sur certaines catégories d'actes de l'assemblée délibérante des collectivités d'outre-mer.

la compétence de la juridiction administrative au profit du juge judiciaire. Si l'Assemblée nationale y renonça finalement, à la fois par crainte de voir le Sénat faire échec à la révision constitutionnelle mais aussi parce que le principal contentieux visé était celui des étrangers[33], or cette question était en débat au sein de la Commission sur le cadre constitutionnel de la nouvelle politique d'immigration[34], le débat parlementaire a néanmoins fait ressurgir les critiques récurrentes formulées à l'encontre de la justice administrative. Le député Arnaud Montebourg a notamment défendu l'idée que la question de la modernisation de la justice administrative devait être posée à l'occasion de la réforme des institutions, la dualité des ordres de juridiction étant « un problème pour les justiciables et la réforme de la juridiction administrative "indispensable" », tout en se déclarant « en faveur d'une clarification du rôle et de la situation du Conseil d'État dont la fonction juridictionnelle ne doit pas être consacrée par la Constitution »[35].

---

33. Saisie au fond du projet de loi constitutionnelle de modernisation des institutions de la Vᵉ République, la commission des lois de l'Assemblée nationale avait adopté à l'unanimité le 16 mai 2008 un premier amendement présenté par le président de la commission et rapporteur du projet de loi, J.-L. WARSMANN, qui visait à insérer au sein de l'article 34 de la Constitution une disposition prévoyant que la loi fixe les règles relatives à « *la répartition des contentieux entre les ordres juridictionnels, sous réserve de l'article 66* », amendement auquel l'Assemblée nationale souscrivit en première lecture, mais auquel elle substitua en seconde lecture, à l'issue de son rejet par le Sénat, une disposition plus « musclée » donnant compétence au législateur pour régler l'attribution des contentieux dans le cadre d'une bonne administration de la justice sous la *seule* réserve de l'article 66 », voir P. DELVOLVÉ, préc.

34. La présidence en fut confiée par lettre de mission du ministre de l'immigration du 30 janvier 2008 à l'ancien Président du Conseil constitutionnel, P. MAZEAUD, lequel observe que « si l'interrogation sur la dualité de juridiction est compréhensible, l'avantage, à terme, d'une unification n'apparaît ni suffisamment substantiel, ni même assez probable pour justifier des mesures aussi lourdes, et prêtant autant le flanc aux polémiques qu'une révision constitutionnelle débouchant sur une nouvelle organisation juridictionnelle », d'où la suggestion jugée « plus féconde » d'une amélioration des procédures. *Pour une politique des migrations transparente, simple et solidaire,* Rapport de la Commission sur le cadre constitutionnel de la nouvelle politique d'immigration présidée par P. MAZEAUD, La Documentation française, 2008.

35. Dans ces propos cités par J.-L. WARSMANN dans son Rapport n° 892 du 15 mai 2008, réalisé au nom de la commission des lois sur le projet de loi constitutionnelle n° 820 (p. 239) ainsi que dans le compte rendu analytique officiel de la séance du mardi 27 mai 2008 à l'Assemblée nationale, A. MONTEBOURG met en exergue à la fois le défaut d'indépendance des magistrats administratifs « qui sont avant tout des fonctionnaires », les nominations au tour extérieur, « extrêmement politiques, qui conduisent à un mélange des genres néfaste dans une juridiction qui elle-même refuse obstinément de se réformer », les fonctions du commissaire du

Outre l'analyse constitutionnelle d'abord donnée du système de la QPC, c'est à une approche praticienne qu'invite ensuite Bruno Potier de la Varde. L'avocat au Conseil d'État et à la Cour de cassation se place ici du point de vue de la « défense » pour apprécier l'apport pour le justiciable de ce nouvel instrument de protection des droits et libertés et en mesurer l'utilité effective au regard notamment de son champ d'application, des avantages ou inconvénients de la procédure (longueur, coût...) et de la portée du contrôle ainsi opéré, mais aussi au regard de la protection déjà offerte par le droit conventionnel, notamment européen et communautaire. Enfin Laurence Burgorgue-Larsen offre l'éclairage du droit international, et plus précisément européen, en se livrant à une confrontation systématique des deux modes de contrôle de la loi – constitutionnel et conventionnel – et en dressant un état des lieux minutieux tant des catalogues constitutionnel et conventionnel des droits, dont elle relève « la concordance », que des procédures pour mettre alors l'accent sur l'exigence de « concorde » entre les juridictions. Cette confrontation fournit aussi l'occasion de mettre au jour un certain nombre de difficultés dont celle particulièrement épineuse de l'articulation des contrôles.

L'avant-projet de loi organique avait à cet égard posé un principe de priorité de la question de constitutionnalité assortie d'une exception en faveur du droit communautaire, l'article L. 23-2 du projet disposant que « la juridiction doit en tout état de cause, lorsqu'elle est saisie de moyens contestant, de façon analogue, la conformité de la disposition à la Constitution et aux engagements internationaux de la France, se prononcer en premier sur la question de constitutionnalité, sous réserve, le cas échéant, des exigences résultant de l'article 88-1 de la Constitution ». Si ce mécanisme de « priorité sur la priorité » a, à l'issue du débat parlementaire, été finalement écarté par la loi organique du 10 décembre 2010[36], le

gouvernement qui ne représente pas le Gouvernement mais s'exprime devant les juridictions en dernier sans qu'il soit possible de lui répondre – fonctions révélatrices de l'anomalie que constitue aujourd'hui le fonctionnement de la justice administrative française –, la double compétence du Conseil d'État, à la fois conseiller du Gouvernement pour la rédaction des actes administratifs et juge de la légalité de ces mêmes actes « à l'origine ces dernières années d'une multiplication de recours contre la France devant la Cour européenne des droits de l'homme qui ridiculisent notre pays ».

36. D. Simon, « Le projet de loi organique relatif à l'application de l'article 61-1 de la Constitution : un risque d'incompatibilité avec le droit communautaire », *Europe*, n° 10, 5 mai 2009 ; P. Bon, « La question prioritaire de constitutionnalité après la loi organique du 10 décembre 2009 », *RFDA* 2009, 1107.

problème demeurait, comme l'avenir l'a rapidement montré, et ce, en dépit de l'*obiter dictum* du Conseil constitutionnel dans sa décision de conformité de la loi organique à la Constitution, à savoir que la priorité de la question de constitutionnalité a « pour seul effet d'imposer, en tout état de cause, l'ordre d'examen des moyens soulevés devant la juridiction saisie ; qu'elle ne restreint pas la compétence de cette dernière, après avoir appliqué les dispositions relatives à la QPC, de veiller au respect et à la supériorité sur les lois des traités ou accords légalement ratifiés ou approuvés et des normes de l'Union européenne ; qu'ainsi elle ne méconnaît pas ni l'article 55 de la Constitution, ni son article 88-1 » (consid. 14) [37]. En bref, le caractère premier du contrôle de constitutionnalité – question d'ordre procédural – ne met pas en cause le principe de primauté des engagements internationaux sur la loi. Pourtant comme le relevait notamment Bruno Genevois, « la jurisprudence issue de l'arrêt *Simmenthal* du 9 mars 1978 ne repose pas seulement sur l'idée de primauté du droit communautaire mais aussi sur son applicabilité directe »[38].

La question de la compatibilité de la QPC avec le droit communautaire pouvait donc paraître non complètement réglée.

Dès son entrée en application le 1er mars 2010[39], la QPC a rencontré le succès que l'on sait[40] apparaissant non seulement comme un moyen de droit invocable par tout justiciable pour la défense des droits subjectifs qu'il tire de la Constitution, mais aussi comme un véritable instrument de l'État de droit permettant d'extirper de l'ordre juridique des dispositions inconstitutionnelles,

---

37. La loi, qui est déclarée conforme à la Constitution sous trois réserves d'interprétation, différait peu du projet initial mise à part l'abandon de la « priorité sur la priorité ».

38. B. Genevois, « Le contrôle *a priori* de constitutionnalité au service du contrôle *a posteriori,* à propos de la décision n° 2009-595 DC du 3 décembre 2009 », *RFDA,* janv.-févr. 2010, p. 7.

39. Après l'adoption des deux décrets du 16 février 2010, l'un portant application de la loi organique, l'autre relatif à la continuité de l'aide juridictionnelle en cas d'examen de la QPC par le Conseil d'État, la Cour de cassation et le Conseil constitutionnel. Voir, J. Arrighi de Casanova, J.-H. Stahl et L. Helminger, « Les dispositions relatives aux juridictions administratives du décret du 16 février 2010 sur la question prioritaire de constitutionnalité », *AJDA* 2010, p. 383.

40. « Question prioritaire de constitutionnalité : bilan des quatre premiers mois de pratique devant la juridiction administrative », communiqué du 6 juillet 2010, consultable sur le site du Conseil d'État et « Tableau statistique sur les questions prioritaires de constitutionnalité soumises à la Cour de cassation », consultable sur le site de la Cour de cassation, 11 juin 2010. Voir également S. Slama, *Actualités droits-libertés* du 7 juillet 2010, blog *Combats pour les droits de l'homme*.

ainsi que l'a montré avec éclat la décision du Conseil constitutionnel 30 juillet 2010 condamnant le régime commun de la garde à vue[41]. Mais le débat sur la place du droit communautaire a quasiment immédiatement ressurgi ; la Cour de cassation renvoyant dès le 16 avril 2010 dans un arrêt avant dire droit à la Cour de justice de l'Union européenne la question de la conformité au traité de l'Union des dispositions de la loi organique conférant un caractère prioritaire au contrôle de constitutionnalité[42].

Perçu comme un acte de « rébellion » ouvrant une « guerre des juges »[43] mais défendu par certains[44], ce renvoi a donné lieu à des réactions très rapides du Conseil constitutionnel et du Conseil d'État qui, dans le cadre d'autres contentieux, ont entendu faire part, dès les 12 et 14 mai, de leur analyse. Ainsi, le premier, non sans avoir rappelé qu'il n'est pas juge de la conventionnalité de la loi, déclarait que le dispositif mis en place ne fait « pas obstacle » à ce que le juge saisi d'un litige dans lequel est invoquée l'incompatibilité d'une loi avec le droit de l'Union européenne fasse, d'une part, le nécessaire pour empêcher l'application dans ce litige des dispositions législatives faisant obstacle à la pleine efficacité des normes de l'Union, et conserve d'autre part, sa faculté ou son obligation de saisir la Cour de justice d'une question préjudicielle en application de l'article 267 du traité européen [45] ; tandis que le second, en reprenant cette motivation inspirée directement de la jurisprudence de la CJCE, concluait à la compatibilité de la QPC avec le droit communautaire car elle n'empêche pas le juge administratif d'« assurer l'effectivité » du droit de l'Union, celui-ci ayant le pouvoir de « faire cesser immédiatement tout effet éventuel de la loi contraire au droit de l'Union » et de renvoyer à tout moment une question préjudicielle à la Cour de justice[46]. Répondant quant à elle le 22 juin à la question qui lui était posée par la

41. N° 2010-14/22 QPC du 30 juillet 2010, inconstitutionnalité du régime commun de la garde à vue avec effet différé au 1er juillet 2011 pour permettre sa réforme.
42. Cass. QPC, 16 avr. 2010, 10-40.001, *Melki* et 10-40.002, *Abdeli, AJDA*, 17 mai 2010, note P. Manin, p. 1024.
43. G. Carcassonne et N. Molfessis, *Le Monde*, 23 avr. 2010 ; F. Scanvic, « La question de constitutionnalité est-elle vraiment prioritaire ? », *AJDA*, 26 juill. 2010, p. 1459.
44. G. Drago, « La Cour de cassation, défenseur des libertés », *Le Monde*, 4 mai 2010.
45. Décision n° 2010-605 du 12 mai 2010, loi relative à l'ouverture à la concurrence des jeux d'argent et de hasard en ligne ; cette décision est la première après l'entrée en vigueur de la loi organique instituant la QPC.
46. CE, 14 mai 2010, n° 312305, *Rujovic*.

Cour de cassation, la CJUE a conclu à son tour à la compatibilité de la QPC avec le droit de l'Union sous la triple réserve que les « juridictions nationales » restent libres d'une part, de poser à la CJUE « toute question préjudicielle qu'elles jugent nécessaire », d'autre part, « d'adopter toute mesure nécessaire afin d'assurer la protection juridictionnelle provisoire des droits conférés par l'ordre juridique de l'Union », enfin « de laisser inappliquée, à l'issue d'une telle procédure incidente, la disposition législative nationale en cause si elles la jugent contraire au droit de l'Union »[47]. Au-delà des formulations propres à chacune des juridictions qui soulèveront sans doute de nouvelles questions, toutes trois admettent ainsi que, contrairement à la volonté du législateur organique, le droit de l'Union tienne en échec le caractère prioritaire de la question de constitutionnalité. Reste maintenant à savoir si ces trois décisions qui ont entendu éteindre le feu permettront de restaurer la concorde des juges ; la convergence des droits interne et européen des droits de l'homme, à laquelle tend inévitablement l'introduction de la QPC, l'imposant absolument.

III – La réforme de la justice administrative s'est enfin poursuivie par **l'institution de deux nouveaux recours contentieux** présentés dans la troisième partie de cet ouvrage : le recours pour le droit au logement opposable (DALO) et le référé précontractuel qui, institués pour le premier par la loi et pour le second par voie d'ordonnance, concernent les domaines spécifiques du logement social et de la commande publique.

Le recours DALO ici présenté par Pearl Nguyen-Duy, rapporteur public au tribunal administratif de Paris, trouve sa source dans la loi du 5 mars 2007 qui consacre un droit au logement opposable (DALO) plus de quinze ans après la loi Besson du 31 mai 1990 « visant à la mise en œuvre du droit au logement » qui affirmait que « Garantir le droit au logement constitue un devoir de solidarité pour l'ensemble de la Nation »[48], et plus de dix ans après la décision du Conseil constitutionnel du 19 janvier 1995 qui considérait quant à elle que « la possibilité de disposer d'un logement décent est un objectif à valeur constitutionnelle »[49].

---

47. CJUE, gde ch., 22 juin 2010, *Melki et autres* (§ 57), aff. C-188/10 et C-189/10.
48. Loi n° 90-449 du 31 mai 1990.
49. Décision 94-359 DC du 19 janvier 1995.

Afin d'assurer la garantie par l'État de ce droit au « logement opposable » – expression controversée dès lors que tout droit est opposable –, la loi de 2007 a mis en place une double procédure, d'abord administrative par un recours amiable auprès de commissions dites de médiation, puis contentieuse avec un recours spécifique ouvert devant les tribunaux administratifs depuis le 1er décembre 2008 en cas d'inexécution préfectorale de l'obligation de logement – le recours DALO qui fait selon la loi du juge administratif, « le garant du droit au logement opposable (DALO) ». Ce n'est toutefois qu'à compter du 1er janvier 2012 que ce recours sera généralisé par son ouverture aux personnes n'ayant pas obtenu de logement social à l'issue d' « un délai anormalement long ».

D'ores et déjà, l'état des lieux ici dressé n'invite pas à l'optimisme. Car si la procédure imaginée pour un contentieux qui relève de l'urgence sociale est efficace (des pouvoirs d'injonction et d'astreinte sont donnés au juge pour sanctionner le manquement à une obligation de résultat) et rapide (l'office du juge est réduit de même que les délais du recours), ses effets concrets restent limités par le faible impact sur l'État de ces injonctions et astreintes, et ce d'autant que la loi pour « la mobilisation pour le logement et la lutte contre l'exclusion » (dite loi « MOLE ») du 25 mars 2009 a réduit le montant des astreintes et donc affaibli « l'effet levier » de la loi. En outre, l'intervention du juge vise à sanctionner un manquement et non à remédier à une carence dans l'offre de logement, or celle-ci relève d'une politique de logement social dont le comité de suivi de la mise en œuvre du droit au logement opposable note qu'elle se heurte à « un déficit de gouvernance »[50]. Cette analyse est partagée par le Conseil d'État qui souligne à son tour dans son rapport de 2009 sur le droit au logement que la loi « souffre de plusieurs défauts de conception » : financements insuffisants, organisation administrative non adaptée et manque de logements pour répondre à la demande ; il fait par ailleurs état de sa crainte que « les droits opposables puissent être théoriques, voire fictifs »[51].

50. Voir le 3e rapport du comité de suivi de la mise en œuvre du droit au logement opposable institué par le décret du 5 mars 2007, *L'an II du DALO : priorité à la bataille de l'offre. Mobiliser les logements existants. Planifier des objectifs territorialisés de production*, octobre 2009.
51. Conseil d'État, *Droit au logement, droit du logement,* Rapport public 2009, vol. 2, La Documentation française.

À cela s'ajoutent des difficultés contentieuses diverses. Difficultés d'abord d'ordre quantitatif liées à l'essor de nouveaux contentieux greffés sur le recours DALO dont le recours en indemnisation fondé sur la violation par l'État de son obligation de logement et qui a pour effet pervers de distraire du budget de l'État des crédits qui pourraient contribuer à l'amélioration de l'offre de logements. D'ores et déjà fort de 4 800 affaires en 2009 – dont 86,7 % en Île-de-France et 54,9 % au seul tribunal administratif de Paris – et du dépôt cette même année de 100 000 dossiers –, la montée en puissance de ce contentieux – notamment en Île-de-France qui concentre 63 % des demandes et à Paris, où 90 % des décisions de relogement n'aboutissent pas – est estimée à plus de 7 000 recours en 2010, et près de 10 000 recours si la croissance se poursuit au même rythme qu'en 2009, soit un contentieux de masse appelé à s'élargir à compter du 1er janvier 2012 et auquel devrait s'ajouter un autre contentieux de masse : le contentieux du revenu de solidarité active (RSA) également confié au juge administratif[52]. L'année 2010 a par ailleurs confirmé les difficultés d'ordre juridique liées au recours DALO, notamment au versement d'astreinte, de nature à nourrir des demandes d'avis contentieux au Conseil d'État[53] ou des questions préjudicielles de constitutionnalité[54].

Institué par l'ordonnance du 7 mai 2009, adoptée sur habilitation donnée au gouvernement par la loi du 28 juillet 2008 relative aux contrats de partenariat public – privé, **le référé contractuel**

52. À la différence des contentieux du RMI et de l'allocation de parent isolé, auxquels il se substitue, le contentieux du RSA relève des tribunaux administratifs après recours administratif préalable obligatoire auprès du président du conseil général. Le nombre de 12 000 recours contentieux avait été évoqué, réductible de moitié au vu de l'efficacité du recours administratif préalable. Mais le Conseil d'État a estimé dans son rapport 2010 qu'il était encore « trop tôt pour se prononcer sur le degré de conflictualité associé à ce nouveau dispositif et sur l'efficacité du recours administratif préalable obligatoire devant le président du conseil général » Conseil d'État, Rapport public 2010 - A*ctivité juridictionnelle et consultative des juridictions administratives*, La Documentation française, p. 21.

53. TA Paris, 15 oct. 2009, *Maache*, note P. Nguyen-Duy, *AJDA* 2009, p. 243 et CE, avis, 2 juill. 2010, n° 332825, *Maache*, sur la compatibilité avec le droit à un recours effectif garanti par les articles 6-1 et 13 de la CEDH du versement de l'astreinte à un fond étatique et de la limitation légale de son montant.

54. CE, 18 juin 2010, n° 339175, *Mme Belkadi*, et n° 337910, *Mme Cissé* : refus de renvoi d'une QPC portant sur le mode détermination du montant de l'astreinte et les critères de sa détermination du fait de l'absence de sérieux des moyens fondés sur la violation des principes d'égalité et de l'indépendance des juridictions, du droit à un recours effectif et à un procès équitable, du droit au logement, du droit de résister à l'oppression et du droit de propriété.

constitue également un nouveau recours contentieux. Distinct par son mode d'adoption par voie d'ordonnance des réformes de la justice administrative jusque-là examinées, il l'est aussi par le fait qu'il répond à une contrainte externe, à savoir l'obligation de transposer la directive « recours » du 11 décembre 2007 en matière de marchés publics. On relèvera toutefois avec Laurent Richer qui analyse ici ce nouveau référé que, dans son arrêt *Tropic travaux signalisation* du 16 juillet 2007, le Conseil d'État s'était attaché à instituer par la voie contentieuse un recours contractuel nouveau déjà « en partie motivé par la volonté d'anticiper sur l'entrée en vigueur de la directive recours » ; on ajoutera qu'il l'était sans doute aussi par le partage de « l'éthique juridictionnelle » qui soustend les règles communautaires[55].

Ouvert depuis le 1er décembre 2009 aux concurrents évincés des contrats de la commande publique, ce référé contractuel, sur lequel le Conseil d'État a été consulté comme l'exige l'article 38 de la Constitution, poursuit la mutation du contentieux de la commande publique introduite par le référé précontractuel lequel a constitué une véritable révolution en la matière. Calqué sur lui – même juge, même procédure – le référé contractuel offre au juge du contrat de la commande publique des pouvoirs particulièrement étendus, mais il est subordonné, comme le référé précontractuel depuis l'arrêt *Smirgeomes*[56], à une condition rigoureuse d'intérêt à agir du requérant qui en limite l'efficacité. Par ailleurs, la multiplicité des recours en la matière pose évidemment le problème de leur articulation ; articulation avec le référé précontractuel qui a fait l'objet de modifications par l'ordonnance « recours » de mai 2009, mais aussi avec le recours contractuel « *Tropic travaux* ». À cet égard, si le décret n° 2009-1456 du 27 novembre 2009 relatif aux procédures de recours applicables aux contrats de la commande publique apporte un certain nombre d'éclaircissements s'agissant des délais de procédure, des conditions d'organisation de la procédure contradictoire entourant le prononcé de certaines mesures, et a posé, au-delà du référé contractuel, l'important principe de suspension automatique de la signature du marché dès l'introduction d'un référé précontractuel, il n'a évidement pas pour autant mis un

55. F. Grévisse et J.-C. Bonichot, « Les incidences du droit communautaire sur l'organisation et le fonctionnement de la fonction juridictionnelle dans les États membres », *L'Europe et Le Droit - Mélanges en hommage à Jean Boulouis,* Dalloz, 1991, cité par L. Richer, *Droit des contrats administratifs*, LGDJ, 6e éd., 2008, p. 171, à propos des référés précontractuels.
56. CE, sect., 3 octobre 2008, *Smirgeomes,* concl. Dacosta, *RFDA* 2008, 1128.

terme à toutes les questions en suspens qu'il appartiendra donc au juge administratif de régler au fil du contentieux ; contentieux qui reste encore marginal[57].

Loin des bouleversements majeurs car les réformes intervenues n'ont affecté ni l'existence de l'institution ni sa spécificité, et notamment la dualité des fonctions consultative et juridictionnelle, qui sont au contraire confortées[58], le vent de réforme qui souffle sur la justice administrative s'attache davantage à l'adapter par voie de retouches successives aux exigences de bonne administration de la justice ainsi qu'à celles de l'État de droit. Si l'heure n'est pas encore au bilan, ne serait-ce que parce que le volet législatif de la réforme est en suspens, il restera donc à apprécier si ces réformes prometteuses qui soulèvent tant de questions nouvelles évoquées tout au long de cet ouvrage, permettront de promouvoir, au-delà des objectifs d'efficience et performance assignés à la justice dans le cadre de la réforme de l'État et qui induisent une logique de productivité menaçant la qualité même de la justice, une justice administrative qui soit effectivement « l'un des grands modèles de garantie de l'État de droit dans le monde » [59].

---

57. Pour un premier rejet, TA Lyon, 26 mars 20010, n° 10001296, *Soc. Chenil service*.
58. Voir la décision CEDH, 30 juin 2009, *UFC que Choisir de Côte d'Or* sur la compatibilité avec la convention européenne de cette double fonction au sein du Conseil d'État. Voir également l'extension de la dualité fonctionnelle des juridictions administratives territoriales dans la proposition de loi de simplification et d'amélioration de la qualité du droit, n° 1890, Assemblée nationale, 7 août 2009.
59. J.-M.Sauvé, « La réforme de la justice administrative », *préc.*

PREMIÈRE PARTIE
LES RÉFORMES DE LA PROCÉDURE CONTENTIEUSE ADMINISTRATIVE

CHAPITRE 1
BILAN D'UNE RÉFORME

Jean-Marc Sauvé
Vice-président du Conseil d'État

Dans ce propos introductif sur les réformes de la juridiction administrative, je puis d'ores et déjà vous indiquer que je n'en parlerai pas de manière complète et approfondie, compte tenu du temps qui m'est imparti sur ce point. Je veux tout de même répondre à trois questions, qui ont trait à la méthode de la réforme : pourquoi réformer ? comment réformer ? et que réformer ?

I. POURQUOI RÉFORMER ?

Pour trois raisons.

La première est l'exigence d'efficacité et de qualité de la justice. Le contentieux administratif augmente de 6 % par an en moyenne depuis 40 ans et de près de 9 % par an depuis le début de la décennie. Cette tendance forte, qui traduit la confiance que nous accordent les justiciables, nous crée un devoir particulier, celui de maîtriser et même de raccourcir des délais de jugement qui ont longtemps été anormaux. Un effort considérable a été accompli au cours des dernières décennies, notamment depuis vingt ans, sur le plan des moyens et des mesures de gestion, mais aussi dans le sens d'un allégement des procédures. Les délais de jugement ont été raccourcis, mais beaucoup reste à faire et doit donc être fait dans ce domaine.

L'ambition d'efficacité et de qualité de la justice, par ailleurs, a été une incitation puissante à la mise en place des procédures d'urgence et des mesures qui garantissent aujourd'hui l'effectivité des décisions de justice – en particulier l'injonction et l'astreinte.

La deuxième raison des réformes de la juridiction administrative procède de la volonté de renforcer les garanties du procès équitable. Celui-ci doit nous conduire à adapter notre organisation, nos procédures, notre statut et notre déontologie.

Nous avons aussi une exigence d'ouverture : sur l'Europe et sur le monde, mais aussi sur les autres pouvoirs publics constitutionnels. Le cinquième alinéa de l'article 39 de la Constitution, qui permet au président de l'Assemblée nationale ou au président du Sénat de saisir pour avis le Conseil d'État d'une proposition de loi déposée par l'un des membres de ces assemblées a créé une passerelle nouvelle entre le Conseil d'État et le Parlement, que nous ne pouvons emprunter sereinement qu'en réfléchissant aux méthodes les plus efficaces pour remplir la mission qui nous est ainsi confiée. La juridiction administrative doit aussi s'ouvrir sur la société française. Cela implique notamment de faire évoluer notre recrutement, de revoir le mode d'élaboration de nos décisions et de nous préoccuper de la restitution de nos travaux.

Le troisième motif, enfin, qui inspire les réformes de la juridiction administrative est l'impératif d'unité de cette juridiction. Alors que cette question ne se posait pas lorsque le Conseil d'État était encore juge de droit commun du contentieux administratif, voire même la seule juridiction administrative, aujourd'hui, elle découle directement de l'existence d'un « ordre » administratif, notion qui implique unité et cohérence.

II. COMMENT RÉFORMER ?

J'insisterai sur quatre points, très brièvement là encore.

Je soulignerai d'abord que notre démarche de réforme est guidée par un souci de progressivité et de pragmatisme, aux antipodes d'une réputation qui est parfois celle du Conseil d'État, d'une trop grande assurance, voire présomption. Le processus actuel de réforme de la juridiction administrative est un processus continu, progressif et pragmatique. Il s'inscrit dans la continuité d'un cycle profond, engagé depuis de nombreuses années et qui ne porte pas le seul sceau de l'actuel vice-président.

Je souhaite également souligner, en second point, que ces réformes procèdent largement de l'initiative de la juridiction administrative, ce que j'assume pleinement. La juridiction administrative a une tradition d'initiative en la matière, dont Laferrière et Cassin ont été de grandes incarnations – la réforme du 30 septembre 1953 que vous avez évoquée l'atteste. Cette tradition d'initiative est aujourd'hui revivifiée par le fait que le Conseil d'État est responsable de l'administration et de la gestion de l'ensemble de la juridiction administrative. Un auteur, qui est peut-être ici parmi nous ce matin, s'est un jour demandé si le vice-président du Conseil d'État n'était pas le « ministre » de la juridiction administrative. Cela n'est pas exact, c'est même tout à fait faux, mais l'idée que la juridiction administrative assume ses responsabilités et joue un rôle moteur dans ses propres réformes est, je le crois, extrêmement importante, y compris d'ailleurs pour garantir et rendre plus visible l'indépendance de la justice que nous formons. Cette indépendance, en outre, ne remet nullement en cause les responsabilités des autres pouvoirs publics en la matière, que ce soit celles du Gouvernement ou celles du Parlement.

Comment réformer ? Dans la concertation et le dialogue au sein même de la juridiction administrative. Vous avez déjà évoqué ce troisième point et je n'y reviens pas, si ce n'est pour souligner que les réformes de portée transversale que je conduis sont le fruit de travaux de réflexion et de concertation communs à l'ensemble des juridictions – Conseil d'État, cours administratives d'appel et tribunaux administratifs – et impliquant toutes les personnes qui y travaillent. Dans cet esprit de concertation, de dialogue et de pragmatisme, nous avons également privilégié, et pas uniquement en ce qui concerne les téléprocédures, la méthode de l'expérimentation.

Je crois aussi, enfin, que la juridiction administrative sait, en toute modestie, tirer les conséquences de ses errements et de ses échecs. Et nous en avons rencontré. La réforme de 1987 par exemple, qui a conduit notamment à la création des cours administratives d'appel, n'aurait pu être faite sans les expériences difficiles, et parfois douloureuses, des années précédentes.

III. QUE RÉFORMER ?

Un grand nombre de chantiers sont engagés pour renforcer l'effectivité et l'efficacité de la juridiction administrative en maintenant un haut niveau de qualité. L'on peut à cet égard mentionner les réflexions en cours sur le règlement alternatif des litiges, sur l'aide à la décision, sur l'instauration d'une action de groupe en contentieux administratif, mais aussi les réflexions sur la réforme de la mise en état, sur le calendrier d'instruction et l'efficacité des clôtures d'instruction. Des réformes de procédure qui affectent notamment l'office du juge unique et le rapporteur public sont également en cours, de même que des évolutions sur le plan des méthodes de travail et des méthodes de gestion. Nous souhaitons en particulier nous engager sur la voie d'une démarche de gestion fondée sur des objectifs qui vont résulter de projets établis, discutés et élaborés au sein de chaque juridiction.

En ce qui concerne le renforcement des garanties du procès équitable, vous savez que deux décrets ont été pris, l'un du 6 mars 2008 sur l'organisation et le fonctionnement du Conseil d'État, qui modifie notamment la composition de ses formations de jugement dans le sens de la séparation entre activités consultatives et activités contentieuses, l'autre du 7 janvier 2009, qui modifie le nom de « commissaire du gouvernement » en « rapporteur public » et fait évoluer la place de ce magistrat dans le procès contentieux.

En ce qui concerne l'ouverture du Conseil d'État et de la juridiction administrative, notamment sur la société française, j'évoquais la question de notre recrutement et de notre composition. Sur ce point, de nouvelles catégories de membres du Conseil d'État vont être créées – celles des conseillers et des maîtres des requêtes en service extraordinaire pour la section du contentieux – qui nous permettront d'accueillir des juristes d'horizons variés, enrichissant ainsi nos délibérations. Nous sommes également résolus à permettre le recours, par les juridictions administratives, à des *amici curiae*, qui permettront d'éclairer utilement les formations de jugement, ainsi que cela vient d'être institué pour les formations consultatives du Conseil d'État. Nous nous sommes engagés également dans un travail très approfondi de développement de la restitution de nos travaux avec les Entretiens et les Conférences du Conseil d'État.

L'unité de la juridiction administrative, quant à elle, se traduira notamment par l'affirmation explicite des exigences propres à la qualité de magistrat, qui caractérisent l'ensemble des membres de la juridiction administrative dans l'exercice de leurs fonctions juridictionnelles. Certes, notre indépendance fait partie des principes fondamentaux reconnus par les lois de la République, mais il peut être utile et il est souhaitable que la loi aille plus loin à cet égard. Nous réformerons également le régime disciplinaire des membres de la juridiction afin de renforcer l'impartialité, mais peut-être aussi l'effectivité des procédures ainsi que les droits de la défense.

Dans le sens de l'unité de la juridiction administrative, nous accroîtrons les possibilités de nomination des magistrats des cours et des tribunaux au Conseil d'État. Ceux-ci représentent aujourd'hui 12 % de l'effectif total du Conseil d'État, proportion qui devrait, à terme, s'élever à environ un tiers. Cette unité se manifestera aussi par l'adoption d'un guide de déontologie commun et par la création d'un collège de déontologie composé d'un membre du Conseil d'État, d'un magistrat des cours et des tribunaux administratifs et d'une personnalité extérieure. Il s'agit là d'ailleurs tout autant d'unité que d'ouverture, puisqu'accepter que le collège de déontologie soit ainsi composé, c'est aller résolument dans une direction opposée à celle du repli. À cet égard, la composition de l'organe de régulation du Conseil d'État, à savoir la commission consultative, qui deviendra la commission supérieure du Conseil d'État, devrait également évoluer. Composée aujourd'hui exclusivement de membres du Conseil, elle est aussi appelée à représenter les pouvoirs publics constitutionnels.

CHAPITRE 2
LA RÉPARTITION DES COMPÉTENCES DANS LA JURIDICTION ADMINISTRATIVE

Jean-Marc Sauvé
Vice-président du Conseil d'État

La justice administrative a été marquée par une tradition constante pendant plus de 150 ans, antérieure même à l'instauration de la « justice déléguée » : il n'y avait en France qu'un seul juge administratif de droit commun, le Conseil d'État, compétent en premier et dernier ressort, les autres juridictions administratives, notamment les conseils de préfecture, n'ayant que des compétences d'attribution et le Conseil d'État n'ayant lui-même qualité de juge d'appel des décisions des conseils de préfecture qu'à titre presque subsidiaire. Un seul juge administratif de droit commun : le Conseil d'État. Une seule section du contentieux, contre le Parlement de la IIIe République qui voulait la dédoubler. Et un président unique de la section du contentieux présidant toutes les formations de jugement du Conseil d'État.

Ce schéma a été marqué par trois grandes ruptures historiques : la multiplication des formations de jugement au sein du Conseil d'État, qui ont conduit à multiplier les présidents de ces formations, la création des tribunaux administratifs par le décret du 30 septembre 1953 et celle des cours administratives d'appel par la loi du 31 décembre 1987.

I. DE LA JURIDICTION UNIQUE À LA CRÉATION D'UN ORDRE DE JURIDICTIONS

A. AVANT LA RÉFORME DE 1953

Il n'existait pas, à proprement parler, d'« ordre » de juridictions administratives. Le Conseil d'État, certes, statuait souverainement en qualité de juge depuis la loi du 24 mai 1872[1], mais les conseils de préfecture, présidés par le préfet et composés de fonctionnaires, étaient encore, pour leur part, un organe de l'administration. Deux évolutions, pourtant, préparaient d'ores et déjà la naissance de l'ordre administratif de juridictions qui vit le jour par la suite.

La première de ces évolutions est celle issue de l'augmentation du nombre des formations de jugement du Conseil d'État. Cette première réorganisation fut la conséquence, comme nombre de réformes de la juridiction administrative, de l'afflux massif des pourvois en matière contentieuse. Deux chiffres permettent de le mesurer : le nombre d'affaires enregistrées, qui était de 1 375 dans l'année judiciaire 1878-1879, est passé à 5 434 en 1908-1909. Il a ainsi plus que triplé en trente ans[2]. Face à cette augmentation, certains auteurs comme Jèze et Rolland, déjà, ont suggéré à plusieurs reprises d'élargir la compétence des juridictions de première instance, en les transformant en tribunaux administratifs régionaux. Il fallut pour cela attendre des réformes ultérieures, notamment celle de 1953. Pendant cette période, l'essentiel des mesures prises a consisté en un renforcement des effectifs des membres du Conseil d'État et en une réorganisation de ce dernier. La loi du 24 mai 1872 avait maintenu les deux formations de jugement qui existaient sous le Second Empire : la section du contentieux, chargée de l'instruction des requêtes et du jugement de celles qui avaient été présentées sans avocat, et l'assemblée du Conseil d'État statuant au contentieux, qui examinait toutes les affaires présentées par ministère d'avocat ou renvoyées par la section. L'augmentation du contentieux, notamment électoral, a

1. Loi du 24 mai 1872 portant réorganisation du Conseil d'État, article 9 : « Le Conseil d'État statue souverainement sur les recours en matière contentieuse administrative, et sur les demandes d'annulation pour excès de pouvoir formées contre les actes des diverses autorités administratives ». Voir CE, 13 déc. 1889, *Cadot c/ Ville de Marseille*, *Rec.* p. 1148.

2. Sur ce point et plus généralement sur cette période de l'histoire contentieuse du Conseil d'État, voir *Le Conseil d'État, son histoire à travers les documents d'époque, 1799-1974*, éd. du CNRS, 1974, préf. de A. Parodi.

conduit, dans un premier temps, à dédoubler la section du contentieux en une section permanente et une section temporaire, habilitées toutes les deux à juger les affaires fiscales et électorales, même lorsqu'elles étaient présentées par un avocat. Cette réforme qui n'était que temporaire devint toutefois permanente et dut en outre être approfondie : deux lois de 1900 ont dédoublé la section permanente et la section temporaire, en les divisant chacune en deux sous-sections. La loi du 8 avril 1910, enfin, a pérennisé la section temporaire, qui a pris le nom de section spéciale du contentieux, composée de trois sous-sections, et la section du contentieux a également été divisée en trois sous-sections d'instruction, elles-mêmes autorisées à juger certaines affaires. En quarante ans, le nombre de formations de jugement du Conseil d'État était ainsi passé de deux à six.

La seconde des évolutions qui a préparé la naissance d'un véritable ordre administratif de juridictions, pour en être plus discrète, n'en fut pas moins réelle. Elle est celle de la création, du fait du décret du 26 novembre 1919[3], du premier tribunal administratif français, celui d'Alsace et de Lorraine. Tel qu'organisé par ce décret et celui du 27 août 1926, ce tribunal comprenait en effet cinq membres, dont un président et un commissaire du gouvernement, qui étaient tous deux des membres de la juridiction – et non plus de l'administration. Les membres de ce tribunal bénéficiaient, par ailleurs, de garanties d'indépendance juridique[4] et, à compter de 1926, ils ont été recrutés par un concours spécifique.

Si l'on en croit les promoteurs de la réforme de 1953, le tribunal administratif de Strasbourg n'a pas été évoqué lors des travaux préparatoires à cette réforme. Cette évolution pourtant, de même que celle résultant de la multiplication des formations de jugement du Conseil d'État, atteste de ce que, dès avant 1953, l'histoire de la juridiction administrative la dirigeait d'elle-même vers la création d'un ordre de juridictions regroupant, dans une même organisation pyramidale, un ensemble de juridictions ou de formations de jugements autonomes.

---

3. Décret du 26 novembre 1919 relatif au régime transitoire de la juridiction administrative en Alsace et Lorraine.
4. Selon l'article 9 du décret du 26 novembre 1919 précité : « Les fonctions de membre du tribunal administratif et celles de commissaire ou commissaire-adjoint du Gouvernement sont incompatibles avec un autre emploi public et avec l'exercice d'une profession ».

B. LA RÉFORME DE 1953

Elle a été le premier jalon essentiel de cette création : simples assistants des préfets puis juges d'attribution, les conseils de préfecture ont cédé la place aux tribunaux administratifs qui sont alors devenus, en lieu et place du Conseil d'État et sauf exceptions, les juges de droit commun du contentieux administratif en premier ressort (art. L. 211-1, C. just. adm.). Cette réforme voulue par René Cassin a certainement été le véritable acte fondateur de l'ordre juridictionnel administratif, organisé et hiérarchisé à la manière de son homologue judiciaire. Aujourd'hui, les tribunaux administratifs, au nombre de 41[5], jugent, séries exclues, quelque 185 000 requêtes par an. En près de soixante ans d'existence, ils ont fait la preuve de leur compétence et de leur indépendance ainsi que de la qualité de la justice qu'ils rendent. Il est significatif que leurs jugements ne fassent l'objet d'un appel que dans une proportion d'environ 18 %, avec un taux de censure totale ou partielle à l'issue de l'appel d'environ 20 %. Ainsi, dans plus de 96 % des cas, les litiges reçoivent une solution conforme à celle donnée par les juges de première instance.

C. LA LOI DU 31 DÉCEMBRE 1987

La loi du 31 décembre 1987 a créé les cours administratives d'appel : malgré des gains de productivité importants, le Conseil d'État était étouffé par l'accroissement du nombre de dossiers à traiter. À la fin de l'année 1986, plus de 30 000 dossiers y restaient en souffrance, avec pour conséquence des délais de jugement supérieurs à trois ans.

La loi du 31 décembre 1987 a progressivement transféré aux cours administratives d'appel qu'elle créait la compétence d'appel que le Conseil d'État exerçait antérieurement. Les cours d'appel, au nombre de 5 initialement et de 8 aujourd'hui, comptent plus de 250 magistrats et 290 agents de greffe. Elles sont devenues les juges d'appel de droit commun des jugements rendus en premier ressort par les tribunaux administratifs[6], sauf en certains domaines limitativement énumérés, comme pour les appels des jugements

5. 42 depuis la création du tribunal administratif de Montreuil, inauguré le 3 décembre 2009.

6. Article L. 321-1 du Code de justice administrative : « Les cours administratives d'appel connaissent des jugements rendus en premier ressort par les tribunaux administratifs (…) ».

relatifs aux élections municipales et cantonales et les appels des ordonnances du juge des référés-liberté, qui relèvent du Conseil d'État[7]. Les cours ont rendu en 2008 près de 30 000 décisions. Leur délai moyen de jugement a été spectaculairement réduit : alors qu'il était supérieur à 3 ans en 2000, il est revenu à 13 mois en 2008.

La loi de 1987 a ainsi parachevé la création d'un ordre juridictionnel complet et, selon les mots de Pierre Mazeaud, d'une « impeccable pyramide »[8] avec un juge de première instance et un juge d'appel clairement identifiés.

La compétence des cours administratives d'appel ne s'est toutefois que graduellement constituée. Si la loi du 31 décembre 1987 transférait l'appel des jugements rendus en matière de plein contentieux, le **transfert de la compétence d'appel en matière d'excès de pouvoir a été progressif. Pour les actes non réglementaires, il s'est effectué par étapes**, ainsi que le prévoyait la loi du 31 décembre 1987, en tenant compte du rythme de montée en puissance des cours. C'est ainsi qu'un décret du 17 mars 1992[9] a programmé le transfert, sur trois ans, de trois branches de ce contentieux : les recours pour excès de pouvoir contre les décisions non réglementaires prises en vertu du Code de l'urbanisme, du Code de la construction et de l'habitation, ainsi qu'en matière fiscale, puis contre celles prises en ce qui concerne les fonctionnaires et agents publics, et enfin le reste de ce contentieux. S'agissant de l'appel des jugements rendus sur les recours pour excès de pouvoir **contre les actes réglementaires,** il a été transféré dans le cadre de cette troisième « tranche » du fait de l'abrogation, par l'article 75 de la loi du 8 février 1995, de la disposition de la loi de 1987 qui excluait la compétence des cours à cet égard. Cette loi du 8 février 1995 a ainsi mis fin aux difficultés que pouvaient rencontrer les justiciables à la recherche d'un juge d'appel compétent.

Enfin, le contentieux de l'appel des jugements sur les reconduites à la frontière n'a été transféré aux cours d'appel que le

---

7. Le Conseil d'État, en revanche, reste en principe juge d'appel de droit commun des juridictions administratives spécialisées (art. L. 321-2, C. just. adm.). Cette compétence théorique est toutefois sans portée concrète, faute pour aucune décision d'une juridiction administrative spécialisée d'être aujourd'hui susceptible d'appel (cf. *infra*).

8. P. Mazeaud, « La loi du 31 décembre 1987 portant réforme du contentieux administratif », in *Mélanges Labetoulle*, Dalloz, 2007.

9. Décret n° 92-245 du 17 mars 1992 relatif aux compétences des cours administratives d'appel.

1er janvier 2005[10]. Ce transfert qui a donné le profil actuel des compétences des cours a été « compensé », à une époque où les cours étaient en grave déséquilibre entre entrées et sorties, par la limitation des possibilités d'appel pour les litiges réputés plus faciles à juger.

D. LE DÉCRET DU 24 JUIN 2003[11]

Ce décret a de fait volé au « secours des cours administratives d'appel », selon l'expression de Bernard Pacteau[12], en engageant une nouvelle évolution : il a limité la possibilité de faire appel d'un jugement de tribunal administratif en rendant ledit tribunal compétent en premier et dernier ressort pour un certain nombre de matières, la seule voie de recours restant ouverte étant alors celle du pourvoi en cassation devant le Conseil d'État. Depuis ce décret[13], sont jugés en premier et dernier ressort par les tribunaux administratifs les litiges réputés moins lourds ou plus simples à juger, comme ceux relatifs aux impôts locaux (sauf la taxe professionnelle), à la situation individuelle des fonctionnaires ou agents publics, à l'exception des litiges portant sur l'entrée au service, la discipline et la sortie du service, ou encore les litiges relatifs aux refus de concours de la force publique ou les actions indemnitaires d'un montant n'excédant pas 10 000 euros.

E. LES JURIDICTIONS SPÉCIALISÉES

Il existe aujourd'hui une trentaine de juridictions spécialisées, de différents types et plus ou moins anciennes (la plus ancienne, la Cour des Comptes, ayant été créée par la loi du 16 septembre 1807). Certaines ont occupé des fonctions *ad hoc* et ont disparu (par ex., la Commission spéciale de cassation des pensions que le décret-loi du 8 août 1935 avait « temporairement » adjointe au Conseil d'État et qui a été supprimée par la loi du 17 janvier 2002),

10. Décret n° 2004-789 du 29 juillet 2004 relatif au contentieux des arrêtés de reconduite à la frontière et modifiant la partie réglementaire du Code de justice administrative.

11. Décret n° 2003-543 du 24 juin 2003 relatif aux cours administratives d'appel et modifiant la partie réglementaire du Code de justice administrative.

12. B. Pacteau, « Le décret du 24 juin 2003 au secours des cours administratives d'appel », *RFDA* 2003, p. 910.

13. Codifié sur ce point aux articles R. 222-13 et R. 811-1 du Code de justice administrative.

tandis que d'autres ont été instituées à titre permanent, en liaison avec certaines évolutions : c'est notamment le cas des juridictions disciplinaires des ordres professionnels ou des chambres régionales des comptes, créées dans le contexte de la décentralisation en 1982.

Par-delà leur diversité, ces juridictions administratives spécialisées sont l'expression de ce que certains domaines de l'activité juridictionnelle requièrent soit une technicité particulière, soit une participation plus importante des professionnels du domaine concerné à l'organisation ou à la gestion de celui-ci. Ces juridictions participent, dans le champ de leurs compétences, à une meilleure compréhension et à une meilleure acceptation de la justice rendue.

Quatre de ces domaines peuvent ainsi être distingués. Le premier recouvre la discipline de certaines professions assujetties à des obligations déontologiques particulières. Le Conseil supérieur de la magistrature est ainsi une juridiction administrative spécialisée, lorsqu'il statue comme conseil de discipline des magistrats du siège[14]. Relèvent également de ce domaine spécialisé la Chambre de discipline de la Compagnie nationale des Conseils en brevets d'invention[15] ou encore les juridictions disciplinaires régionales des ordres professionnels et, en appel, les sections disciplinaires nationales. Le domaine social est également, en second lieu, une terre privilégiée d'élection des juridictions administratives spécialisées. Relèvent ainsi de cette catégorie les juridictions de l'aide sociale (les Commissions départementales d'aide sociale au niveau du département et la Commission centrale d'aide sociale, juridiction d'appel de l'aide sociale au niveau national) ainsi que les tribunaux interrégionaux de la tarification sanitaire et sociale et, en appel, la Cour nationale de la tarification sanitaire et sociale[16]. Le domaine du droit des étrangers, ensuite, compte l'une des plus importantes, en termes de flux contentieux, des juridictions administratives spécialisées : la Cour nationale du droit d'asile (CNDA), qui procède de la redénomination de l'ancienne Commis-

14. Le Conseil relève alors du contrôle de cassation du Conseil d'État statuant au contentieux : CE ass., 12 juill. 1969, *L'Etang, Recueil* p. 388.
15. Cette Chambre est un organisme juridictionnel soumis au contrôle du Conseil d'État, juge de cassation : CE, 9 déc. 1988, *Kessler*, *Recueil* p. 346.
16. Art. L.351-1 à L.351-7 du Code de l'action sociale et des familles.

sion de recours des réfugiés[17]. Cette cour est compétente pour statuer, notamment, sur les recours formés contre les décisions de l'Office français pour la protection des réfugiés et apatrides (OFPRA) accordant ou refusant le statut de réfugié et la protection subsidiaire. Le domaine financier, enfin, compte également un certain nombre de juridictions administratives spécialisées, non des moindres, puisque peuvent y être rattachées la Cour des comptes, les chambres régionales des comptes, compétentes pour contrôler l'exécution du budget par l'ordonnateur et par le comptable et pour examiner la gestion des collectivités ou organismes du secteur public local, ou encore la cour de discipline budgétaire et financière qui se prononce sur les responsabilités, notamment, des fonctionnaires de l'État, des collectivités territoriales et de leurs établissements publics au regard des infractions définies par les articles L. 313-1 et suivants du Code des juridictions financières. Cette dernière a pour mission essentielle de sanctionner les manquements des ordonnateurs aux règles de la comptabilité publique[18].

II. LES NOUVELLES DÉVOLUTIONS DE COMPÉTENCES

A. LE REMODELAGE DES COMPÉTENCES EN PREMIER RESSORT

La réforme de 1953 était à tous égards pertinente et même inspirée. Elle s'est toutefois arrêtée « au milieu du gué » par crainte de l'encombrement des tribunaux administratifs, peut-être aussi parce que l'on redoutait d'aller au bout de la logique pourtant explicite consistant à faire des tribunaux administratifs les juges de droit commun du contentieux administratif en premier ressort. Ce qui est proposé aujourd'hui, c'est bien de parachever la réforme de 1953, d'aller au bout de son ère. Pour cela, il faut réduire les compétences en premier et dernier ressort du Conseil d'État qui représentent encore 25 % des requêtes et des décisions. Pour ce faire, il convient de remettre en cause la compétence **« par défaut »** du Conseil d'État et revoir le partage des compétences en premier ressort entre les tribunaux administratifs, juges de droit

17. Art. L.731-1 et s. du Code de l'entrée et du séjour des étrangers et du droit d'asile, dans leur rédaction issue de la loi n° 2007-1631 du 20 novembre 2007.
18. Conseil Constitutionnel, décision n° 2005-198 L du 3 mars 2005.

commun, et le Conseil d'État, dont la compétence juridictionnelle doit être davantage concentrée sur la cassation (art. 1er et 2 du Code de justice administrative).

Demeureraient de la compétence du Conseil d'État en premier et dernier ressort, outre le contentieux des ordonnances et des décrets, le contentieux des actes réglementaires des ministres et quelques contentieux spécifiques, en particulier électoraux (comme celui des élections des membres du Parlement européen, des conseils régionaux et des assemblées territoriales des collectivités d'outre-mer) ou « ultra-marins », à quoi s'ajouteraient les contentieux suivants recalibrés et, pour être exact, revus à la baisse.

S'agissant des litiges relatifs à la situation individuelle des fonctionnaires nommés par décret du Président de la République, la compétence serait recentrée sur les litiges intéressant la discipline et les procédures de recrutement.

Il est aussi proposé que la compétence générale prévue par les dispositions du 4° de l'article R. 311-1 à l'égard des décisions administratives des organismes collégiaux à compétence nationale soit remplacée par une liste limitative d'organismes dont la nature ou la spécificité justifierait que leurs actes relèvent de la compétence du Conseil d'État en premier et dernier ressort.

Enfin les « litiges d'ordre administratif nés hors des territoires soumis à la juridiction d'un tribunal administratif » seraient confiés à des tribunaux administratifs qui pourraient être ceux de Nantes – en particulier pour les étrangers et les visas – et de Paris – pour le reste du contentieux né hors du territoire de la République. Pour dire les choses autrement, l'intérêt d'une bonne administration de la justice qui figure à l'article L. 311-1 du Code de justice administrative et qui fonde la compétence en premier ressort du Conseil d'État doit être strictement entendu.

Les autres litiges qui cesseraient de relever de la compétence en premier et en dernier ressort du Conseil d'État relèveraient des tribunaux administratifs par application des règles ordinaires de compétence territoriale[19].

19. Cette réforme a été menée à bien par le décret n° 2010-164 du 22 février 2010 relatif aux compétences et au fonctionnement des juridictions administratives.

B. LES COMPÉTENCES EN APPEL

La compétence du Conseil d'État en la matière n'est plus que résiduelle. Elle se justifie par la nécessité de disposer en certaines matières d'une décision rapide et irrévocable.

Le Conseil d'État est le juge d'appel de droit commun des juridictions administratives spécialisées, mais cet ensemble est vide depuis la suppression des juridictions des rapatriés ou des conseils du contentieux administratif, en dernier lieu celui de Wallis et Futuna. Le Conseil ne tire ses compétences de juge d'appel que des dérogations à la compétence de droit commun des cours d'appel pour connaître en appel des jugements des tribunaux administratifs. Mais ces compétences sont elles-mêmes très réduites : elles ne portent que sur les recours sur renvoi de l'autorité judiciaire et sur les litiges relatifs aux élections municipales et cantonales. Ce contentieux ne représente aujourd'hui que 0,5 % à 6 % selon les années de l'activité contentieuse du Conseil d'État. Il est proposé de ne pas retoucher ces compétences, sauf à la marge, et donc d'accepter la persistance de ces modestes dérogations aux règles normales d'attribution du contentieux d'appel.

1) Le contentieux électoral

Le contentieux électoral appelle tout particulièrement un règlement rapide dans un délai n'excédant pas 12 à 15 mois, appel compris. La compétence des cours administratives d'appel en matière électorale conduirait à un net dépassement de cette durée avec des risques d'inversion successive du résultat des élections à chaque étape du contentieux, ce qui pourrait être dommageable. Elle laisserait de surcroît au Conseil d'État une compétence de juge de cassation particulièrement frustrante, non pour lui, mais pour les parties qui se pourvoiraient devant lui. C'est pourquoi il est proposé de maintenir l'appel des jugements prononcés par les tribunaux administratifs dans les **« litiges relatifs aux élections municipales et cantonales »** parmi les compétences d'appel du Conseil d'État. C'est par des motifs de cette nature - l'exigence de rapidité - que l'on peut expliquer la tendance de la jurisprudence à « arrondir » la dérogation, en matière électorale, à la compétence des cours administratives d'appel : par exemple, le Conseil d'État juge que le contentieux de la révision des listes électorales par une commission administrative relève de sa compétence en appel[20]. Cependant, il tient à ne pas pousser à l'excès cette dérogation à la compétence des cours administratives d'appel et il refuse par conséquent d'assimiler le contentieux des référendums communaux à celui des élections municipales. Les solutions parfois extensives de la compétence d'appel du Conseil d'État en matière électorale ne doivent donc pas conduire à penser que la loi est généralement interprétée dans un sens favorable à cette compétence.

Pour ce qui est **du contentieux des élections régionales et des élections au Parlement européen**, le Conseil d'État a vu sa compétence directe instituée respectivement par les lois du 10 juillet 1985 et du 7 juillet 1977. La possibilité de conférer aux cours administratives d'appel une compétence en matière électorale, en particulier pour les litiges en matière d'élections régionales, a été examinée avec attention en raison de la légitimité de ces juridictions, mais sans être retenue en raison de l'impératif d'un règlement rapide de ce type de litiges. En outre, une compétence des cours d'appel en première instance ne clarifierait pas la répartition des contentieux.

2) *Les questions préjudicielles*

S'agissant des questions préjudicielles, on sait que les jugements prononcés à la suite du renvoi, par un tribunal judiciaire, d'une question préjudicielle administrative relèvent de la compétence d'appel du Conseil d'État (art. R 321-1, C. just. adm.). Le recours provoqué par ce renvoi appelle lui aussi un règlement **définitif** et **rapide**. Si la loi de 1987 n'avait maintenu cette compétence que pour les jugements sur renvoi en appréciation de légalité, elle a été étendue par le Code de justice administrative (art. R. 321-1) à tous les jugements sur renvoi préjudiciel. Au lieu d'un transfert de l'appel aux cours administratives d'appel, qui ralentirait la procédure, il paraît plus intéressant de penser à la rénovation de ce contentieux en parallèle dans les deux ordres de juridictions. Il serait d'abord utile que le juge auteur d'une question préjudicielle saisisse lui-même le juge compétent de l'autre ordre de juridictions, comme il le fait pour une question posée à la Cour de justice des Communautés européennes. On gagnerait ainsi un temps précieux à ne pas laisser les parties et leurs conseils errer à la recherche du juge compétent ou, tout simplement, négliger de le

20. CE ass. 3 févr. 1989, *Mairie de Paris*, p. 47, *AJ* 1989.

saisir. Il serait également bénéfique, dans un souci de rapidité de jugement, que, dans les deux ordres de juridictions, le tribunal administratif ou le tribunal de grande instance statue en premier et dernier ressort sous le contrôle de cassation du Conseil d'État ou de la Cour de cassation. Cette réforme qui devrait être complétée par une réforme de la saisine du tribunal des conflits, prendrait, j'y insiste, tout son sens si elle se mettait en œuvre simultanément dans les deux ordres de juridictions.

3) *Le référé-liberté*

La loi du 30 juin 2000 a doté le juge administratif d'outils efficaces pour faire face en urgence aux atteintes aux libertés fondamentales. Le référé-liberté permet, on le sait, au juge d'ordonner toutes mesures nécessaires à la sauvegarde d'une liberté fondamentale à laquelle une personne publique aurait porté, dans l'exercice de l'un de ses pouvoirs, une atteinte grave et manifestement illégale.

Cette procédure d'urgence débouche sur un appel devant le Conseil d'État. Il n'est proposé ni de remettre en cause l'appel afin de permettre, dans cette matière très sensible, un entier contrôle en droit et en fait de la décision du premier juge, ni de remettre en cause la compétence directe du Conseil d'État en la matière, l'extrême brièveté des délais s'accommodant mal d'un appel devant un juge de la cour d'appel, avant un éventuel pourvoi en cassation devant le Conseil d'État.

C. LE CONTENTIEUX DU REVENU DE SOLIDARITÉ ACTIVE

Peu de changements devraient enfin affecter la compétence des juridictions spécialisées, si l'on exclut l'attribution aux juridictions administratives de droit commun le futur **contentieux du revenu de solidarité active** (RSA).

Jusqu'alors, trois juridictions distinctes connaissent des contentieux relatifs aux allocations intégrées dans le RSA : les commissions départementales d'aide sociale (CDAS) pour le revenu minimum d'insertion (RMI), les tribunaux des affaires de sécurité sociale (TASS) pour l'allocation de parent isolé (API) et les tribunaux administratifs pour la prime pour l'emploi (PPE).

On sait que le choix a été fait par le Gouvernement et le législateur de retenir comme juge du RSA le juge de la prime pour l'emploi (PPE), c'est-à-dire le tribunal administratif, du fait du nombre de personnes bénéficiaires de cette prime susceptibles de bénéficier du RSA (évalué à 3 millions) et des difficultés structurelles de fonctionnement auxquelles sont confrontées les CDAS.

Il faut se garder de tirer hâtivement la conclusion d'une préférence pour le juge administratif de droit commun, au détriment du juge spécialisé ou du juge judiciaire. Ce sont plutôt les circonstances qu'une vue d'ensemble qui ont présidé au choix fait en 2008. Mais le transfert du contentieux social aux juridictions de droit commun, s'il semble complexe du point de vue des moyens qui devraient être mis en œuvre, aurait cependant deux avantages que soulignait déjà le rapport du Conseil d'État sur *L'avenir des juridictions spécialisées dans le domaine social* « celui de la simplicité des règles de compétence et celui de la professionnalisation des juridictions »[21].

D. L'ADMINISTRATION DE LA JURIDICTION PAR LE CONSEIL D'ÉTAT

Le Conseil d'État est chargé d'assurer la gestion des tribunaux administratifs et des cours administratives d'appel, responsabilité qui incombait jusqu'en 1987 au ministère de l'Intérieur. La gestion des tribunaux administratifs et des cours administratives d'appel est assurée, sous l'autorité du vice-président du Conseil d'État, par le secrétaire général du Conseil d'État et par un secrétaire général adjoint plus spécialement chargé de cette mission.

L'administration de la juridiction administrative par le Conseil d'État permet, d'une part, de concevoir et de définir une politique transversale quant à l'organisation, aux règles de procédure et à la gestion des moyens nécessaires au bon fonctionnement de l'ensemble. Elle permet, d'autre part, de définir et de mettre en œuvre une politique plus cohérente de qualité de la justice.

C'est un enjeu auquel le vice-président du Conseil d'État consacre entre un quart et un tiers de son temps de travail.

21. *Rapport du Conseil d'État sur l'avenir des juridictions spécialisées dans le domaine social*, La Documentation française, 2004.

III. LA RÉPARTITION DU CONTENTIEUX AU SEIN DE CHAQUE NIVEAU DE JURIDICTION

A. LA HIÉRARCHISATION DES FORMATIONS DE JUGEMENT EN FONCTION DE LA DIFFICULTÉ DES AFFAIRES TRAITÉES

Le Conseil d'État comptait, avant 1980, trois catégories de formations de jugement. L'assemblée du contentieux, dont l'effectif a été réduit de 21 à 10 membres par la réforme du 30 juillet 1963 et qui en compte aujourd'hui 17, depuis le décret du 6 mars 2008[22]. La section du contentieux, ensuite, dont l'effectif a été réduit de 17 à 15 membres sous l'effet de ce même décret. Et les sous-sections réunies, enfin, qui comptent neuf membres.

Deux évolutions très substantielles ont eu lieu. La première résulte du décret du 10 janvier 1980, qui a permis à des sous-sections jugeant seules de connaître des litiges portés devant le Conseil d'État. Leur effectif, de 5 membres à l'origine a été réduit à au moins 3 membres par le décret du 5 mai 1990. Ces formations ont connu dans les années 1980 des débuts laborieux et ont été regardées avec suspicion. Elles rendent désormais près de 43 % des décisions, hors ordonnances du président de la section du contentieux, notamment les décisions de non-admission des pourvois en cassation. Les sous-sections réunies, quant à elles, ne jugent plus que 18 % des affaires. La seconde évolution résulte, quant à elle, de la possibilité ouverte aux présidents de sous-section, depuis le décret du 29 août 1984, de se prononcer par ordonnance pour donner acte des désistements, constater qu'il n'y a pas lieu de statuer sur un pourvoi ou rejeter des conclusions entachées d'une irrecevabilité manifeste non susceptible d'être couverte en cours d'instance. Cette possibilité de rejet par ordonnance[23] a permis le traitement de 39 % des affaires en 2008.

Ces méthodes consistant à hiérarchiser le traitement des affaires en fonction de leur difficulté permettent de tenir compte de leur diversité et, corrélativement, d'investir un temps croissant dans le traitement des affaires les plus sensibles, les plus délicates, celles qui sont appelées à faire jurisprudence.

---

22. Décret n° 2008-225 du 6 mars 2008 relatif à l'organisation et au fonctionnement du Conseil d'État.
23. Aujourd'hui codifiée aux articles R. 122-12 et R. 822-5 du Code de justice administrative.

Il en va de même dans les tribunaux administratifs et les cours d'appel où les possibilités de rejet par ordonnance ont été sensiblement accrues depuis 2000. Ces rejets représentent par exemple, dans les tribunaux administratifs, environ un tiers des affaires.

B. L'EXTENSION DE LA PRATIQUE DU JUGE STATUANT SEUL

Les juridictions administratives de première instance et d'appel statuent en principe en formation collégiale[24] de 3 ou 5 juges. La collégialité est et reste un principe essentiel en matière de contentieux administratif : elle est l'une des conditions et l'une des manifestations de l'indépendance de la juridiction. Elle assure une grande autorité morale à ses décisions et elle est une garantie de qualité. Le principe de la collégialité n'en connaît pas moins un certain recul, pour tirer les conséquences de la diversité et de la difficulté variables des affaires et pour éviter d'affecter des moyens excessifs à des affaires simples, au détriment des délais de jugement. C'est ainsi que depuis 1990, les présidents de juridiction ou de formation de jugement (ou les magistrats qu'ils désignent) ont reçu la possibilité de juger eux-mêmes certaines affaires, sans nécessité d'une délibération collégiale, avec ou sans conclusions du rapporteur public selon les cas[25]. De même que le Code de justice administrative dispose que peuvent être réglées, au sein du Conseil d'État, par un juge statuant seul, « les affaires dont la nature ne justifie pas l'intervention d'une formation collégiale »[26], il peut en aller de même dans les cours et les tribunaux pour des raisons tenant à « l'objet du litige ou à la nature de la question à juger »[27].

Cependant, il serait exagéré de parler de l'institution réelle, en matière administrative, d'une juridiction à juge unique. L'instauration d'un « juge statuant seul » vise à gagner du temps sur une

24. Article L. 3 du Code de justice administrative.

25. Le président du tribunal ou le magistrat qu'il désigne à cet effet peut ainsi statuer seul, après conclusions du rapporteur public, sur une dizaine de catégories de litiges qui figurent à l'article R. 222-13 du Code de justice administrative. En outre, les reconduites à la frontière sont jugées depuis 1990 en juge unique. Au total 30 % des affaires, y compris les procédures d'urgence sont jugées en juge unique. Les cours administratives d'appel disposent d'une procédure analogue (art. R. 222-33, C. just. adm.) pour juger les appels de reconduites à la frontière.

26. Art. L. 122-1, C. just. adm.

27. Art. L 222-1, C. just. adm.

procédure qui aurait normalement requis les soins de plusieurs juges. Mais ce magistrat ne constitue pas une « juridiction » distincte de celle à laquelle il appartient ; il est seulement une émanation provisoire de sa juridiction collégiale. Ainsi, le magistrat peut renvoyer à la juridiction collégiale le règlement d'affaires qui lui paraissent avoir suffisamment d'importance ou de difficulté pour requérir un examen collégial.

C. LES ÉVOLUTIONS ENVISAGÉES

S'agissant du juge statuant seul, il pourrait être envisagé de permettre au juge unique de statuer sur des affaires ne présentant pas à juger de points de droit nouveaux. De telles affaires, sans relever du traitement par ordonnance des « séries » de requêtes, au sens du 6° de l'article R. 222-1 du Code de justice administrative n'en diffèrent que par quelques éléments de fait et de droit déjà tranchés. Cela éviterait, le cas échéant sous le pilotage du groupe de travail qui s'occupe du repérage et de la gestion des séries, de mobiliser trois juges pour des affaires purement répétitives.

Par ailleurs, il est proposé d'adapter la composition des formations de jugement élargies des tribunaux administratifs et des cours administratives d'appel, en instaurant, à côté des formations plénières, très difficiles à réunir, une formation de chambres réunies, en réduisant la formation élargie qui existe déjà[28] et en réduisant également la formation des sections réunies du tribunal administratif de Paris. Ces nouvelles formations de jugement, tout en conservant un caractère plus solennel, auraient ainsi une dimension plus réaliste et pourraient retrouver une véritable utilité. Il pourrait en aller de même dans les cours[29].

La juridiction administrative est donc passée de l'unité à la diversité, avec la création d'un véritable juge de droit commun de première instance, d'un véritable juge d'appel de droit commun et de nombreuses juridictions spécialisées.

Les tribunaux administratifs doivent encore étendre leurs compétences, par redéploiement de celles du Conseil d'État.

28. Prévue par le 2e alinéa de l'art. R. 222-20 du Code de justice administrative.
29. Ces réformes ont aussi été menées à bien par le décret n° 2010-164 du 22 février 2010 relatif aux compétences et au fonctionnement des juridictions administratives.

En revanche, il est difficile d'envisager que les compétences d'appel des cours s'élargissent substantiellement : peu de contentieux leur font défaut et le seul qui leur manque, plus symboliquement que quantitativement, le contentieux électoral, peut difficilement donner lieu à trois décisions juridictionnelles successives pour une même protestation initiale.

S'agissant de la répartition des compétences internes à chaque degré de juridictions, la diversification des procédures est près d'avoir atteint ses limites : s'il était indispensable d'ouvrir des possibilités de rejet par ordonnance pour les irrecevabilités et certains rejets manifestes ou évidents, s'il fallait ouvrir un espace au juge unique pour les affaires les plus simples ou dont les enjeux sont les plus réduits, il est clair que le juge administratif est proche d'un point d'équilibre : la collégialité qui constitue la signature de cette juridiction peut difficilement descendre en dessous d'un tiers en première instance et de 60 % devant le Conseil d'État. Ce sont d'autres voies qu'il nous appartient d'explorer pour faire face à la croissance du contentieux administratif.

CHAPITRE 3
LE NOUVEAU RÔLE DES DIFFÉRENTS ACTEURS DU PROCÈS ADMINISTRATIF : LE RAPPORTEUR PUBLIC ET L'AVOCAT

Jacques Arrighi de Casanova
Président adjoint de la Section du contentieux du Conseil d'État,
Professeur associé à l'Université Paris II (Panthéon -Assas)

Le thème du « rapporteur public » est un peu un sujet en évolution, en transition. Il y a un aspect de nouveauté et en plus il y a une expérimentation dont les conséquences seront tirées dans un peu moins de trois ans. Par conséquent, je vais juste en présenter quelques lignes, quelques pistes afin d'engager le débat.

Dans mon esprit, ce qu'il y a de nouveau dans le rôle des différents acteurs du procès administratif, c'est leur rôle à l'audience. On pourrait aussi parler des procédures écrites mais je crois que le sujet qui peut se saisir à la suite d'évolutions récentes, c'est plutôt celui-là. Assez classiquement, j'aurai une approche un peu historique qui consistera à rappeler comment cela se passait au siècle dernier, au millénaire précédent (mais c'est il n'y a pas si longtemps) puis, en deuxième lieu, à montrer en quoi il y a eu un changement au tournant du millénaire et, enfin, je reviendrai sur ce qu'apporte de plus le décret du 7 janvier 2009 qui n'est en vigueur que depuis peu, le 1er avril dernier.

I. « L'ANCIEN TEMPS »

Le dernier millénaire - un jour on parlera peut-être de la préhistoire mais pour l'instant c'est encore une histoire récente - correspond au temps où il y avait un commissaire du gouvernement qui était celui qui se levait après que l'affaire avait été appelée, que les avocats avaient soit plaidé, soit dit quelques mots, soit bredouillé quelque chose que personne n'entendait dans la salle et qui consistait à dire « je m'en rapporte à mes écritures (ou à l'instruction) ». Puis le commissaire du gouvernement disait ce qu'il avait à dire et éventuellement soulevait des points auxquels personne n'avait pensé... et l'on s'en accommodait alors plus ou moins bien mais en tout cas, cela a fonctionné ainsi pendant très longtemps.

Il faut reconnaître que des problèmes existaient quand même. Certains ont été résolus empiriquement par des textes, d'autres sont restés sans solution.

Il y a la question sur laquelle je n'épiloguerai pas car je n'ai jamais réussi à lui accorder de l'importance – mais apparemment elle en avait car elle a été résolue – c'est celle de l'appellation : cette appellation qui obligeait les journaux bien informés des affaires jugées au tribunal administratif « local » à avoir dans leur traitement de texte une phrase automatique disant « magistrat indépendant ne représentant pas le gouvernement ». Personne ne comprenait rien à cette appellation de commissaire du gouvernement, car ce n'était pas quelqu'un qui était le commis de qui que ce soit et il ne représentait pas le gouvernement.

Je signale d'abord que la question du changement de nom s'est posée dans le passé, je crois pouvoir le dire sans trahir de secret, lors de l'examen du projet de texte devenu le décret du 30 juillet 1963 apportant comme chacun sait de très importantes réformes du Conseil d'État (séparation des fonctions contentieuses et administratives) : la question de savoir s'il fallait changer le nom avait alors été posée et débattue et elle avait été résolue dans le sens qui résulte de la lecture des textes : l'appellation n'a pas bougé. Cette question s'est reposée devant le Parlement quand celui-ci a été saisi de projets de réforme du contentieux, avec des tentatives de créer des mécanismes qui ont fini par aboutir en 1987 pour décharger le Conseil d'État d'une partie de sa tâche. Elle s'est posée aussi lors de l'élaboration de ce qui est devenu la loi de 1986 relative aux statuts de ce qui n'était à l'époque que le corps des membres des tribunaux administratifs. Mais l'on s'en accommodait ou, plus exactement, ce problème (ou selon le point de vue ce faux problème), n'a pas entraîné de changement car il y a eu une alliance objective entre ceux qui trouvaient cela très bien et ne voulaient rien changer et ceux qui n'étaient pas contre le changement mais ne trouvaient pas de nom pour le remplacer.

D'autres problèmes se sont résolus également un peu empiriquement : il a toujours existé (et de manière moins élaborée au tribunal administratif et à partir de 1989 en cour administrative d'appel) des contacts entre les commissaires du gouvernement et les avocats – au moins les avocats aux Conseils, puisqu'ils sont des auxiliaires de justice spécialisés qui ont un accès plus facile aux commissaires du gouvernement, par des contacts notamment personnels – afin de connaître avant l'audience le sens des conclusions. Mais ces contacts n'étaient pas formalisés, ce n'était pas un droit traduit par des textes mais un usage courtois.

Autre problème qui se rattachait au moins optiquement à ce rôle respectif du commissaire et des parties et leurs avocats, c'était celui des moyens d'ordre public : optiquement, c'est le problème du commissaire du gouvernement qui se lève, ne tenant aucun cas de ce que les avocats ont pris beaucoup de peine à écrire, pour dire que la requête est irrecevable ou que la juridiction n'est pas compétente, en sortant tout cela de sa manche ; en réalité, le commissaire du gouvernement n'est en général que le porte-parole du processus qui a eu lieu au sein de la juridiction, avec notamment le travail du rapporteur. Ce problème a été résolu par un décret de janvier 1992 qui a enfin (on a peut-être mis trop de temps à le prescrire) imposé l'obligation de communiquer les moyens d'ordre public.

Des problèmes donc, plus ou moins bien résolus et une situation qui vivait sa vie plus ou moins tranquillement. On est alors passé à une deuxième étape.

II. LE TOURNANT DU MILLÉNAIRE : L'ANNÉE 2001

Il y a cette année-là deux événements qui n'ont rien à voir sauf la coïncidence tenant au fait qu'ils se produisent en 2001.

Le premier événement est l'entrée en vigueur de la loi du 30 juin 2000 sur le référé, qui conduit les juridictions administratives en général – les tribunaux administratifs en première ligne, mais aussi le Conseil d'État comme juge de premier ressort de certains référés, juge d'appel du référé liberté – à développer des procédures d'audience avec discussion, échange le cas échéant entre le magistrat qui va statuer sur la demande de référé et le demandeur ou ses avocats. Donc un développement de l'oralité, alors qu'on sait que jusqu'alors la procédure administrative est écrite et que l'oralité n'a pas le poids, l'importance qu'elle peut avoir ailleurs. Nouveauté assez importante je crois, même le référé est une procédure dans laquelle le commissaire du gouvernement, désormais rapporteur public, n'est pas présent, qui a montré que dans certains cas un élément d'oralité, de dialogue, d'échange peut être important, au-delà des mérites qui sont très grands à mon sens de la procédure écrite.

Donc tout cela a conduit à relativiser certaines idées reçues qui sont illustrées par une légende que l'on raconte souvent : celle d'un président de TA qui voit arriver un jeune avocat et qui, avant de lui donner la parole lui dit « Maître, je vais vous donner la parole mais je vous rappelle que la procédure est écrite et que donc si ce que vous voulez dire est écrit c'est inutile car nous avons lu le dossier et sinon c'est aussi inutile car vous ne pouvez pas soulever de moyen nouveau oralement ». Certains se laissaient impressionner et ne disaient rien, d'autres plaidaient un quart d'heure… Cela relevait un peu de la boutade, de l'anecdote tout en ayant une petite part de réalité quant à l'état des mentalités. La mise en œuvre, à partir du 1er janvier 2001, du nouveau référé a fait prendre conscience ou a renouvelé, notamment dans les juridictions de première instance qui connaissaient déjà cela, l'intérêt de l'oralité à l'audience. Et, au Conseil d'État cela a été une nouveauté réelle dans la mesure où cela n'existait pas du tout : c'est le premier facteur d'évolution.

L'autre facteur d'évolution, je dirais moins voulu, moins assumé, moins anticipé, c'est l'arrêt *Kress* de la Cour de Strasbourg, qui est intervenu quelques mois après l'entrée en vigueur de la réforme du référé et qui a, par une motivation un peu embarrassée – dont certains, dont le Président Genevois qui est ici, ont mis en évidence les limites et les inconvénients dans de bonnes revues – a appliqué sa jurisprudence sur les apparences. La Cour a décidé d'appliquer une partie de cette approche au commissaire du gouvernement dans cet arrêt *Kress*, sur le contenu duquel je n'ai pas besoin de m'appesantir, d'autant que les auteurs des « Grands arrêts » ont cru devoir non seulement l'y insérer mais aussi le maintenir… jusqu'à nouvel ordre.

Bien entendu cette position a interpellé la juridiction administrative, avec en particulier la question de la participation ou de l'assistance au délibéré. Et cela a aussi relancé la question du changement de nom, parce qu'on a pu alors se dire : « mais si le rôle du commissaire du gouvernement est tellement difficile à comprendre, c'est peut-être un problème d'ordre sémantique ».

À la suite de cet arrêt, dans un premier temps, diverses mesures ont été prises, l'une d'entre elle était une note du président de la Section du contentieux de l'époque, le Président Labetoulle, avec un début d'ajustement du rôle des uns et des autres par un décret de fin 2005 consistant d'abord à officialiser la note en délibéré, qui avait été un des éléments retenus comme importants par la Cour dans l'analyse subtile – disons même compliquée – qu'elle retenait du sujet, permettant de répliquer d'une manière ou d'une autre au commissaire. Il y a aussi eu dans ce décret quelques petits ajustements sur « participer » ou « assister », qui ont vite montré leurs limites, ces subtilités n'ayant pas tenu très longtemps. C'est ainsi que le décret de 2006 a fait un choix radical consistant à traiter différemment, alors que les commissaires y ont une tache similaire, la première instance et l'appel d'un côté, et le Conseil d'État de l'autre, les uns n'étant plus du tout présents au délibéré, les autres étant là mais taisant sauf si une partie les récuse, ce qui s'est produit de temps en temps, mais pas si souvent…

III. LE DÉCRET DU 7 JANVIER 2009

On en était là et la question se posait de savoir si cela suffisait ou s'il fallait faire d'autre chose. Dans le cadre des réflexions générales entreprises à l'occasion notamment de l'entrée en fonction du nouveau vice-président du Conseil d'État, avec en arrière-plan ce contexte, notamment européen, et avec la conscience que tout n'était pas résolu et qu'il fallait peut-être aller plus loin, est intervenu le très important décret du 7 janvier 2009. Ce texte est important et il concerne notre sujet essentiellement sur deux points, outre bien sûr le changement d'appellation : l'information préalable sur le sens des conclusions et puis le déroulement de l'audience.

S'agissant de l'information préalable sur le sens des conclusions, c'est une réforme de bon aloi qu'on aurait pu faire depuis bien longtemps mais qui, du point de vue du Conseil d'État et de ses interlocuteurs immédiats que sont les avocats aux Conseils, ne présentait peut-être pas la plus grande urgence – et je parle sous le contrôle de ceux qui sont là, notamment le président de l'Ordre, Monsieur Didier Le Prado – car au Conseil d'État, l'information préalable existait : un avocat aux Conseils qui voulait savoir comment se présentait la situation, appelait le commissaire et cela fonctionnait assez bien.

Mais le vrai problème, pour s'en tenir au Conseil d'État, est qu'il y a beaucoup d'affaires, notamment les recours pour excès de pouvoir en premier ressort, qui ne sont pas rien quant à l'enjeu des affaires et où il n'y a pas nécessairement d'avocat aux Conseils : il peut y avoir les parties elles-mêmes ou un avocat à la cour mandaté et on avait alors un problème d'accès au commissaire du gouvernement. Par ailleurs, dans les TA et CAA, cela se faisait plus ou moins, mais avec des pratiques très diverses aussi bien du point de vue des initiatives des barreaux, voire des parties elles-mêmes, que de la réaction des commissaires concernés.

Le décret du 7 janvier 2009 a donc prévu explicitement l'information préalable sur le sens des conclusions. Prudemment, le décret dit « le sens des conclusions » et vise donc, en gros, le dispositif. En pratique, cela peut être un peu plus mais ce n'est pas le texte, et heureusement. Heureusement parce que d'abord matériellement – ceux qui ont exercé cette fonction en sont conscients, et ma voisine (Pearl N'Guyen-Duy, rapporteur public au tribunal administratif de Paris) qui l'exerce actuellement ne me démentira sans doute pas – il n'est pas toujours possible que le désormais rapporteur public ait rédigé des conclusions, au moment où on l'interroge : d'abord il n'a pas forcément à rédiger, l'essentiel c'est de pouvoir s'exprimer oralement sur les observations qu'appelle le litige et, ensuite, même s'il rédige, il n'a pas forcément fini quelques jours avant l'audience.

Donc on a un système qui s'est traduit notamment par des modalités informatiques, avec le système « Sagace » qui permet aux avocats et aux justiciables ordinaires, au moins en première instance, d'avoir un accès informatique à l'état de leur affaire, et qui pourront ainsi savoir, quelques jours avant, comment elle se présente. Un système dans le détail duquel je ne rentrerai pas, a donc été mis en au point pour le Conseil d'État, pour les TA et

CAA, qui permet par divers moyens (coup de fil au greffe, fax, e-mail), d'avoir cette information. À ce propos, il serait intéressant de savoir si cela paraît suffisant du point de vue du besoin des justiciables. En tout cas, ce qui a été mis en place essaie de faire quelque chose de raisonnable, de raisonnablement « assumable » si je peux dire, pour les magistrats et pour les juridictions. Mais bien sûr dans un monde idéal, celui qui aura à plaider ou à se demander s'il plaide ou présente des observations sur tel ou tel point aimerait évidement en savoir plus que le sens au sens « dispositif » (rejet, annulation, réformation, condamnation à la moitié de ce qui est demandé) pour pouvoir ajuster un peu sa stratégie.

Et je crois qu'une des raisons pour lesquelles il n'est peut-être pas indispensable d'aller plus loin c'est que l'autre disposition très importante de ce décret fournit quand même une réponse à ce besoin : c'est celle qui a modifié le déroulement de l'audience, avec un droit commun (qui n'est déjà presque plus le droit commun avec le nombre de juridictions qui ont opté pour l'expérimentation) et puis donc une expérimentation. Ce droit commun, qui est le seul régime applicable au Conseil d'État, où l'expérimentation n'a pas été envisagée pour l'instant, c'est qu'il y a désormais en quelque sorte une note en délibéré orale et je trouve que c'est une bonne idée. Peut-être aurait-on pu l'avoir bien avant, avant l'arrêt *Kress* ou au moins en réponse à cet arrêt. Cela consiste – et cela a été pratiqué empiriquement depuis des années au Tribunal des Conflits, sans aucune obligation et sans que personne ne s'en plaigne ni n'y trouve d'inconvénient – à garder l'ordre normal : l'affaire est appelée, le rapporteur présente l'affaire au sens strict (qui consiste à mentionner les principales pièces de procédure), les partie ou leurs avocats parlent (les parties sans avocat ou les avocats en première instance et les avocats aux Conseils devant le Conseil d'État), le rapporteur public conclut et, si on a quelque chose à redire, au lieu de se précipiter pour griffonner quelques mots par écrit, le faire tamponner et le faire passer à la juridiction ou rentrer tranquillement dans son cabinet, vérifier ce qu'on veut vérifier et l'envoyer à la juridiction le soir ou le lendemain, on peut répliquer oralement par les brèves observations qui sont désormais possibles. Et par ailleurs, ce qui pour l'instant n'est que de l'expérimentation jusqu'à fin 2011, dont il en sera alors fait le bilan en vue de généraliser ou abandonner, c'est ce système qui est prévu à l'article 2 du décret et qui permet pendant cette période pour les juridictions ou certaines de leurs formations de jugement d'inverser l'ordre de parole : le rapporteur public conclut après que le rapporteur a présenté les pièces de procédure et c'est ensuite, une fois que la juridiction prise dans son ensemble (puisque le rapporteur public en fait évidemment partie), a dit ce qu'elle avait à dire, les parties présentent des observations, après quoi l'affaire est mise en délibéré.

Quel bilan peut-on, en guise de conclusion, tirer de ces nouveautés ? Je n'ai pas beaucoup d'éléments sur la façon dont fonctionne concrètement la communication du sens préalable des conclusions. J'ai l'impression que le bilan est plutôt positif. À l'occasion d'une rencontre récente des présidents de juridictions administratives, tous les présidents de chambres ou de juridictions qui participent à l'expérimentation ont donné plutôt le sentiment que cette réforme est vécue favorablement, y compris par les rapporteurs publics et les représentants des barreaux locaux. En ce qui concerne le droit commun, je ne peux parler que de ce que j'ai vu au Conseil d'État, c'est-à-dire les brèves observations en réplique, ce que j'appelle la note en délibéré orale, c'est assez contrasté. Pour ma part je trouve que cela ne marche pas mal du tout. Il est arrivé que la reprise de parole d'un des avocats soit un peu longue et que du coup son confrère se contente de dire de façon lapidaire « contrairement à mon confrère je considère que tout a été dit dans la procédure écrite », ce qui est une façon de rappeler à celui qui vient de plaider que c'était un peu trop. Je n'ai vu cela qu'une fois et, dans l'ensemble, les avocats aux Conseils n'en abusent pas. Dans certains cas, la prise de parole après les conclusions a même été extraordinairement efficace : dans un délibéré d'une formation supérieure, je ne dirai pas laquelle, une grande partie du débat s'est amorcée autour de la brève observation, qui avait dû durer entre 30 secondes et 1 minute de l'avocat aux Conseils qui, après le rapporteur public, avait seulement « j'appelle l'attention de la Haute Assemblée sur… » en insistant très rapidement sur un point qui est apparu particulièrement important à la formation de jugement. Et, dans un cas plus récent en sous-sections réunies, l'avocat s'est levé pour dire : « je n'ai rien à ajouter d'autre que ce qui est dans mes mémoires mais je vous signale que… » ; le point en question était tout à fait déterminant et nous a conduit à nous demander s'il fallait bien maintenir une jurisprudence à l'application de laquelle avait conclu le rapporteur public.

Voilà donc un bilan que j'hésite à qualifier de globalement positif, surtout qu'en son temps cette expression a pu servir à qualifier des bilans moins éminemment positifs : pour résumer, il n'y a pour l'instant pas eu la catastrophe (pas vraiment annoncée d'ailleurs, car ces réformes sont relativement consensuelles) et il y a eu une amélioration de la transparence et du dialogue, favorisée par un certain développement de l'oralité qui vient utilement compléter, me semble-t-il, la procédure écrite. Mais c'est à la condition que l'une et l'autre restent à leurs places : fondamentalement, la procédure reste écrite mais l'oralité vient ponctuellement appeler l'attention des membres de la formation de jugement qui ne connaissent pas aussi bien le dossier que le rapporteur, le réviseur et le rapporteur public.

CHAPITRE 4
VERS UNE ACTION COLLECTIVE EN DROIT ADMINISTRATIF ?[1]

Paul Cassia
Professeur à l'École de droit de la Sorbonne
(Université Paris I, Panthéon -Sorbonne)

Le 2 avril 2008, le vice-président du Conseil d'État annonçait une « réflexion préalable à l'instauration d'une action de groupe devant le juge administratif afin de faciliter le traitement des séries de requêtes présentant à juger le même point de droit, quand celui-ci a été tranché par une décision juridictionnelle devenue définitive »[2]. Le 24 juin 2008, il confiait à deux membres du Conseil d'État, deux magistrats administratifs et un professeur de droit privé, placés sous l'autorité du conseiller d'État Philippe Bélaval, le soin de s'interroger sur l'opportunité d'instaurer une telle action – dénommée cette fois action collective –, dans un double objectif : principalement pour enrayer le phénomène des « séries » – ces requêtes stéréotypées envahissant les greffes par vagues ; accessoirement pour faciliter l'exercice de leurs droits par les justiciables. Le groupe de travail a rendu un rapport intérimaire le 15 janvier 2009, et le rapport définitif le 5 mai 2009.

Introduire l'action collective permettrait de répondre à deux objectifs, rappelés par la lettre de mission précitée du vice-président du Conseil d'État. L'un est classique : il s'agit d'améliorer l'accès au juge pour les « petits » litiges – c'est-à-dire ceux impliquant de faibles sommes pour les victimes, mais qui risquent d'être au total très coûteux pour le défendeur. L'autre est tout à fait spécifique à l'ordre juridictionnel administratif et, on y reviendra, pour

1. Pour des développements plus substantiels, le lecteur est invité à se reporter à l'article éponyme publié à la *Revue française de droit administratif*, 2009, p. 657-668.
2. Commission des lois, réunion du 2 avril 2008 (http://www.senat.fr/bulletin/20080331/lois.html#toc5).

partie contradictoire avec le précédent : il s'agit de réduire le phénomène des « séries ». Le groupe de travail mis en place par le vice-président du Conseil d'État a, comme le suggérait le vice-président, préféré rechercher en priorité un substitut aux contentieux sériels, la nouvelle voie de droit proposée n'ayant que secondairement pour effet d'accroître l'accessibilité du juge administratif. L'un des mérites de la *class action* en effet est, en « regroupant plusieurs recours dans un seul procès, (...) d'éviter l'encombrement des prétoires et de réaliser des économies d'échelle sur les coûts de procédure »[3].

L'action collective a pour but de permettre à un seul requérant de saisir le juge, au nom d'un même groupe d'intérêt, afin que soient reconnus les droits individuels (en général pécuniaires) des membres de ce groupe. Le requérant peut lui-même faire partie de ce groupe, comme cela est admis par exemple au Québec ; en France, on considère plutôt qu'il appartient à une personne morale, c'est-à-dire à un tiers au groupe qui prétend être lésé, de porter l'action collective. Autrement dit, le requérant lui-même n'est pas directement affecté par la mesure qu'il conteste.

Le « rapport Bélaval » présente des propositions originales par rapport à celles généralement avancées pour l'action de groupe en droit privé. Il réussit à éviter les principaux obstacles qui rendent si difficile, voire impossible, l'introduction d'une *class action* de type américain ou québécois en droit français[4] : l'action collective de droit administratif pourrait être mise en œuvre sans qu'il soit nécessaire de s'interroger sur la levée de l'interdiction du démarchage pour les avocats désireux de fédérer les membres du groupement ; sans qu'il y ait lieu de se demander si le juge de l'action collective doit, comme aux États-Unis ou au Québec, statuer dans un premier temps sur la recevabilité de l'action collective puis, par un second jugement, sur son bien-fondé ; sans qu'il soit besoin de faire le choix cornélien entre l'option d'inclusion, si coûteuse pour les associations, et l'option d'exclusion, si contraire à la tradition française en ce qu'elle fait automatiquement et directement peser sur un justiciable l'issue d'une action à laquelle il n'a participé que fictivement, en ne manifestant pas sa volonté de s'exclure.

---

3. Assemblée nationale, Rapport n° 3200 sur le livre vert sur les actions en dommages et intérêts pour infraction aux règles communautaires sur les ententes et les abus de position dominante, 28 juin 2006, p. 47.

4. Sur ces obstacles, v. en particulier S. GUINCHARD, « Une *class action* à la française ? », *D.* 2005, 2180.

I. LES CONDITIONS DE LA SAISINE DU JUGE DE L'ACTION COLLECTIVE EN DÉFENSE D'INTÉRÊTS INDIVIDUELS

La procédure imaginée s'intègre pour l'essentiel dans le schéma procédural régissant les requêtes visant à **la défense d'un intérêt** privé ou collectif dont le juge est aujourd'hui saisi.

La qualité pour former une action collective serait réservée à toute association déclarée en préfecture ou à un syndicat professionnel ; sur ce point, le projet va plus loin que ce qui est généralement proposé pour l'action de groupe en droit privé, en ne limitant pas l'accès à celle-ci à la vingtaine d'associations nationales agréées de consommateurs, qui sont trop peu nombreuses pour rendre l'action collective efficace et dont la mission ne correspond en tout état de cause pas à l'objet des procès administratifs. Mais, contrairement au système québécois de recours collectif, un individu ne pourrait donc agir au nom d'une catégorie de tiers affectés de la même manière par l'acte ou l'événement[5]. Cela est discutable : pour quelle raison une personne physique, destinataire d'une décision administrative de refus stéréotypée ou qui estime faire partie des victimes d'un préjudice sériel de la part de l'administration, ne pourrait-elle être à l'origine d'une action collective ? On pourrait très bien imaginer que, par une même requête, un administré saisisse le juge d'un recours de plein contentieux classique, auquel serait adossée une action déclarative en responsabilité pour préjudice sériel : le juge se prononcerait selon les règles habituelles sur les premières conclusions de la requête et, s'il y fait droit, ne fera également droit aux secondes qu'après avoir vérifié leur recevabilité – l'existence d'un préjudice de masse. L'action ne serait recevable que pour autant que la personne morale justifie de l'existence d'un groupe, de son intérêt à le représenter et du « caractère potentiellement sériel de l'action collective ».

Au titre de la recevabilité toujours, il faudrait que la personne morale lie le contentieux avant de saisir le juge (on reviendra sur ce point, qui limite en réalité l'efficacité du mécanisme proposé), en provoquant la naissance d'une décision de refus, « quand bien même des décisions administratives individuelles préexisteraient » car, dans l'esprit du groupe de travail, seule une personne morale

5. Le « rapport Bélaval » indique ainsi avoir « clairement écarté l'hypothèse d'une représentation possible par une personne physique estimant qu'elle est contraire à l'idée même d'action collective ».

tierce par rapport au litige entre l'administration et les administrés pourrait porter l'action collective.

Curieusement, alors même que la requête est dirigée contre un acte administratif, le rapport propose que **la compétence** à l'intérieur de la juridiction administrative pour connaître de l'action collective soit déterminée non en fonction des critères classiques posés par les articles R. 312-1 et suivants du Code de justice administrative, mais au regard de « l'intérêt concerné par l'action collective » : s'il relève d'un seul tribunal administratif, celui-ci est compétent, et l'appel ou la cassation resteraient possibles ; une action collective administrative pourra relever de la compétence de premier ressort du Conseil d'État, par exemple pour les litiges statutaires concernant les fonctionnaires nommés par décret ; reste une troisième hypothèse où l'intérêt concerné par l'action collective relève potentiellement du ressort de plusieurs ou de tous les tribunaux administratifs. Le tribunal administratif transmettrait alors l'action collective au Conseil d'État, soit spontanément, soit à la demande de la requérante, et il reviendrait au Conseil d'État d'attribuer le dossier à tribunal administratif dont le choix sera déterminé par « l'intérêt d'une bonne administration de la justice ».

Dans cette dernière hypothèse, se poserait la délicate question de l'identité du défendeur à l'action collective. Le groupe de travail s'est en effet heurté à la manière dont la défense à l'action collective devait être assurée en cas de pluralité de collectivités publiques intéressées à la résolution du litige. Pour l'action de groupe en droit privé, les choses se présentent simplement puisqu'il n'y aura qu'une entreprise défenderesse. Pour l'action collective administrative, le groupe de travail estime qu'il n'y aura pas non plus de difficulté particulière pour identifier le défendeur lorsqu'une décision prise par l'État, c'est-à-dire par l'administration centrale ou déconcentrée, est contestée. En revanche, le groupe de travail a considéré que l'organisation du contradictoire serait plus difficile pour les collectivités territoriales et les établissements publics « pour les contentieux statutaires intéressants, de façon horizontale, les agents de la fonction publique territoriale ou hospitalière. Il ne pourrait y être pallié que par l'organisation par voie législative, d'une représentation unifiée des collectivités territoriales, d'une part, et des établissements publics hospitaliers, d'autre part, s'agissant des questions statutaires qui transcendent les décisions susceptibles d'être prises au niveau de chaque collectivité ou établissement ».

Le plus simple aurait sans doute été de s'en tenir aux « canons » du contentieux administratif en la matière : puisque la personne requérante a suscité la naissance d'une décision administrative objet du litige, la juridiction territorialement compétente serait déterminée soit en fonction du siège de l'autorité qui a pris cette décision (art. R. 312-1, C. just. adm.), soit en fonction des exceptions prévues aux articles R. 312-6 et suivants du Code de justice administrative. Par suite, le défendeur peut n'être que l'auteur de cette décision – les autres collectivités publiques pouvant intervenir à la procédure si elles y ont intérêt.

La singularité la plus marquante du projet tient à **la détermination du groupe d'intérêt**. Les projets en droit privé se prononcent presque unanimement en faveur du mécanisme de l'option d'inclusion (*opt in*) : les individus concernés par l'action de groupe sont ceux qui ont manifesté leur volonté d'y participer, en donnant mandat à la personne morale de les représenter ou en ne faisant pas connaître leur opposition à ce qu'une action en leur faveur soit introduite. Le Conseil constitutionnel a en effet interdit, dans une décision n° 89-257 DC du 25 juillet 1989, le mécanisme plus large de l'option d'exclusion (*opt out*), selon lequel la décision rendue sur l'action de groupe concerne tous les individus placés dans une situation identique, à moins qu'ils n'aient fait part de leur volonté de ne pas adhérer à la requête collective : la liberté personnelle, qui a valeur constitutionnelle, s'oppose à ce qu'une action en justice soit introduite au nom d'une personne sans qu'elle y ait donné son accord ou du moins que, informée de l'intention d'une personne morale d'introduire cette action, elle ne s'y soit pas opposée. Mais l'option d'inclusion n'est pas sans poser de sérieuses difficultés pratiques : il faut que les personnes morales recueillent les mandats, ce qui suppose une publicité de l'action, et les gèrent ; cela engendre des coûts de fonctionnement que peu d'associations seraient en mesure d'assumer, du moins pour les dommages consécutifs à un préjudice sériel.

Le « rapport Bélaval » réussit à éviter cet écueil, en faisant purement et simplement disparaître l'exigence préalable d'un mandat conféré par des individus à la personne morale requérante. Autrement dit, toute personne morale légalement constituée pourrait prétendre représenter un groupe devant la juridiction administrative, sans avoir à produire le consentement des membres de ce groupe. Il reviendrait au juge administratif de s'assurer de cette représentativité et du caractère sériel du dommage prétendument subi, au titre de la recevabilité de l'action déclarative en responsabilité.

Cet évitement de la question du consentement n'est rendu possible qu'en raison des effets que le groupe de travail a envisagés de donner au jugement rendu sur une action collective.

II. LES EFFETS DU JUGEMENT RENDU SUR UNE ACTION COLLECTIVE

L'autre question délicate inhérente à la problématique de l'action de groupe ou de l'action collective tient à la portée de la décision juridictionnelle rendue. Le sénateur Robert Badinter l'a bien marqué lors de la séance de la commission des Lois du 2 avril 2008, en indiquant sa « crainte que l'introduction en droit français de l'action de groupe ne conduise à imposer l'autorité de chose jugée à des personnes qui ne sont pas des parties à l'instance », et qui donc n'ont pas pu faire valoir leur point de vue devant la juridiction. La *class action* américaine en effet, fondée sur le système de l'option d'exclusion (*opt out*), rend des décisions juridictionnelles même de rejets opposables à toute personne entrant dans la définition du groupe qui ne s'en serait pas expressément exclue.

Une manière d'éviter ce risque aurait consisté à prévoir que, à l'instar des avis contentieux du Conseil d'État, la décision du juge (qui pourrait être un tribunal administratif) portant sur la reconnaissance d'un droit ou d'une responsabilité soit dépourvue de l'autorité de la chose jugée ; revêtue d'une autorité simplement morale, elle se serait en pratique imposée à toutes les personnes entrant dans le champ du différend. Le groupe de travail a écarté cette hypothèse, sans s'en expliquer.

En revanche, il a considéré que le jugement rendu sur l'action collective, qualifié de « déclaratoire » (le tribunal reconnaîtrait un droit ou une responsabilité), devrait être revêtu de l'autorité de la chose jugée. Mais celle-ci aurait des effets asymétriques : la décision qui ne reconnaîtrait pas le bien-fondé de l'action collective n'aurait classiquement aucune autorité vis-à-vis des tiers à la procédure que sont les membres du groupe d'intérêt[6], et ne ferait

6. La chose jugée n'aurait alors qu'une autorité relative, limitée aux parties au litige ; par comparaison, la procédure de l'option d'exclusion américaine soumet à l'autorité absolue de la chose jugée tous ceux qui n'ont pas indiqué ne pas vouloir

donc pas obstacle à ce que chacun d'eux introduise une action individuelle en dépit du rejet de l'action collective ; si la décision reconnaissait le bien-fondé de l'action collective, « toute personne intéressée et justifiant être dans la même situation que celle ayant donné lieu à ce jugement, devrait pouvoir s'en prévaloir auprès de l'administration ». Cette seconde branche ne doit pas faire illusion : il est simplement proposé que soient tirées toutes les conséquences de la force persuasive de la jurisprudence. Peut-être aurait-il été utile d'aller plus loin en envisageant, à l'instar de ce que prévoyait l'article 2 du décret du 28 novembre 1983 pour le recours pour excès de pouvoir, de rendre inopposable le délai de recours contentieux à toute personne qui se prévaudrait, devant le juge de la responsabilité, d'une décision juridictionnelle rendue sur une action collective, seul le délai de la prescription quadriennale n'était pas affecté par cette décision ?

Le groupe de travail a envisagé que la juridiction rende son jugement sur l'action collective dans un délai de six mois à compter de sa saisine – ce qui rend inutile l'institution d'une procédure de référé.

L'introduction de l'action collective et le jugement rendu feraient l'objet d'une publicité sur le site internet du Conseil d'État : celle-ci permettrait non pas d'inviter les personnes intéressées à se joindre à la procédure, comme il est souvent envisagé dans les projets civilistes relatifs à l'action de groupe, mais de faire jouer un mécanisme interruptif des délais de forclusion et de prescription quadriennale. Le groupe de travail s'est en effet prononcé en faveur de l'interruption des délais de forclusion et de prescription à l'encontre des décisions individuelles entrant dans le camp d'application de l'action collective, dès l'introduction de celle-ci : les publicités permettraient de suspendre et faire redémarrer les délais.

Dans l'attente très incertaine d'une inscription de l'action collective administrative dans le droit positif, le juge administratif aurait sans doute intérêt à valoriser une voie de droit qui pourrait avoir des effets comparables sur le traitement des séries et la prévention du contentieux sériel : le recours direct en interprétation d'une décision administrative, qui peut être formé aux fins de voir préciser le sens d'un acte administratif dès lors qu'il existe un litige né et actuel. Il y a là le terreau d'une consécration par voie jurisprudentielle d'une forme d'action collective administrative.

---

faire partie des membres du groupe, quel que soit le sens du jugement.

DEUXIÈME PARTIE
LA QUESTION PRÉJUDICIELLE DE CONSTITUTIONNALITÉ

CHAPITRE 1
LE JUGE ADMINISTRATIF ET LA QUESTION PRÉJUDICIELLE DE CONSTITUTIONNALITÉ

Michel Verpeaux
Professeur à l'École de droit de la Sorbonne
(Université Paris I Panthéon Sorbonne)
Directeur du centre de recherches en droit constitutionnel

Je mesure l'honneur de parler à l'Assemblée nationale, dans un colloque consacré au juge administratif. Ce n'est pas le lieu des colloques traditionnels consacrés au juge administratif mais plutôt le lieu des colloques de constitutionnalistes, auxquels j'ai l'honneur d'appartenir. Et donc j'y vois tout à fait un hommage rendu, à la place du droit constitutionnel et on pourrait dire que la révision de 2008, en tout cas puisque c'est quand même le point de départ est un peu la troisième tentative d'instaurer cette question et j'allais dire la troisième tentative est la bonne, après celle de 1990, à laquelle le Président Genevois n'est pas totalement étranger et après la pseudo-tentative de 1993 dont tout le monde savait qu'elle était vouée à l'échec. Mais la troisième tentative est la bonne. Alors faut-il y voir d'un point de vue purement corporatiste une certaine revanche du droit constitutionnel plutôt que de voir cela en termes de concurrence ou de bataille ? J'y vois surtout l'unité du droit et l'unité du droit public par la convergence de la jurisprudence *Sarran*, car il faut bien la rappeler, de la jurisprudence *Fraisse* de la Cour de Cassation et de la décision du Conseil constitutionnel. Curieusement les choses sont allées dans un sens, je n'ose pas dire à l'envers, mais le Conseil constitutionnel est intervenu à la fin dans la décision du 19 novembre 2004. Toutes ces décisions consacrant la primauté de la Constitution dans l'ordre juridique interne, c'est donc plutôt une victoire du droit. Et en même temps bien sûr, le contentieux devant le Conseil constitutionnel, pouvait-on d'ailleurs parler de contentieux, était-ce une juridiction, on ne va revenir sur cette question, ce contentieux extrêmement marginal, avec une procédure qualifiée par la doctrine d'embryonnaire va devenir un véritable contentieux et on ne peut que s'en réjouir.

La loi constitutionnelle n° 2008-724 du 23 juillet 2008 de modernisation des institutions de la Ve République, qui a introduit une procédure de question préjudicielle pour des motifs d'inconstitutionnalité de la loi, fournit l'occasion de saluer une forme de participation à l'unité du droit public, après la convergence des jurisprudences du Conseil d'État, (CE ass., 30 oct. 1998, *Sarran, Levacher et autres*, *GAJA*, n° 108, p. 789) de la Cour de cassation (Ass. Plén., 2 juin 2000, *D[lle] Fraisse*) et du Conseil constitutionnel (déc. 505 DC du 19 nov. 2004, *Traité établissant une Constitution pour l'Europe*, *JO* du 24 novembre 2004, p. 19885), reconnaissant la primauté, dans l'ordre juridique interne, de la Constitution sur les normes de droit international.

Par la même occasion, le contentieux constitutionnel, dont le nom même était considéré comme inadapté à la réalité et qui était certes marginal, quantitativement, par rapport aux juridictions constitutionnelles des autres pays comparables, est susceptible de devenir un véritable contentieux, méritant réellement son nom.

D'une certaine manière, la révision du 23 juillet 2008 peut être l'équivalent de l'arrêt *Nicolo* du 20 octobre 1989 (CE ass., *Rec.* p. 190), par lequel le Conseil d'État a accepté d'examiner la compatibilité des lois, même postérieures, aux traités signés et ratifiés par la France. On peut soutenir que, sur le plan théorique au moins, il s'agit d'une révolution tout aussi importante. Il est en revanche trop tôt pour apprécier si elle aura les mêmes conséquences contentieuses, y compris dans l'activité des professions judiciaires et juridiques.

Cette révision est une manière de contourner la jurisprudence *Arrighi* du Conseil d'État du 6 novembre 1936 (Sect, *Rec.* p. 966), et la théorie de la loi-écran (pour un exemple plus récent, CE ass., 20 oct. 1989, *Roujansky, JCP* 1989, II, 21371, *RFDA* 1989, p. 993). Mais la question préjudicielle prévue par la Constitution révisée n'est pas une exception d'inconstitutionnalité soulevée et examinée par le juge saisi du litige au principal car la question, si elle est posée devant le juge ordinaire, n'est pas tranchée par lui. Certes, on peut soutenir que, comme nous l'a fait remarquer le

Président Genevois, les termes d'exception d'inconstitutionnalité et de « question préjudicielle » ne sont pas incompatibles, car le justiciable invoque, par une exception, l'inconstitutionnalité de la loi et ce moyen présente à juger une question qui, échappant à la compétence de la juridiction saisie du litige, justifie un renvoi préjudiciel.

Mais les effets de l'une et de l'autre ne sont pas identiques et l'exception, si elle avait été consacrée, aurait permis à toute juridiction de résoudre des questions constitutionnelles. Quoi que l'on pense du mécanisme de l'exception, la logique de la procédure aurait été différente de celle retenue dans le projet de loi. Dans celui-ci, la loi n'est pas écartée mais elle est abrogée par la décision même du Conseil dans les conditions fixées à l'article 62 de la Constitution tel qu'il a été modifié par la révision de 2008.

S'agissant de la question de constitutionnalité, les textes sont brefs et peu nombreux. Ils sont, au moins pour l'un d'entre eux et au jour du présent colloque, en devenir. Malgré tout, ils apportent des réponses aux nombreuses questions que la doctrine et les commentateurs se posent depuis bientôt un an que le principe d'un contrôle *a posteriori* des lois a été acquis, à la suite des travaux du Comité de réflexion et de proposition sur la modernisation et le rééquilibrage des institutions de la Ve République[1]. En ce sens, ils constituent un enrichissement progressif mais ils sont aussi constitutifs de nouvelles questions, dans l'attente d'autres textes, de la pratique et de la jurisprudence à venir. Tel est le sort des questions juridiques de susciter autant d'interrogations qu'elles n'apportent de réponses. Sans doute ne faut-il pas s'en plaindre puisqu'elles permettent aux juristes, de contentieux de droit public ou d'autres branches du droit, de travailler. Dans le cadre de cette contribution, on s'en tiendra à quelques idées et propositions, sans avoir la prétention de tout résoudre, en sachant aussi que deux autres communications présentées lors du présent colloque porteront sur d'autres éléments du sujet.

Ces textes sont donc, à ce jour, au nombre de deux. Il s'agit bien sûr de la Constitution, dans ses articles 61-1 et 62, le premier prévoyant le principe du contrôle *a posteriori* des lois, le second tirant les conséquences, nécessairement générales, de ce contrôle

1. Voir le Rapport de ce Comité, présidé par E. BALLADUR, *Une Ve République plus démocratique,* Fayard, La Documentation française, 2008.

quant aux effets des décisions du Conseil constitutionnel[2]. Le second texte est le « projet de loi organique relatif à l'application de l'article 61-1 », loi évidemment prévue par cet article. Le titre du projet est volontairement descriptif (on aurait pu dire « pauvre ») mais par choix du Gouvernement qui a décidé que les lois organiques d'application de la révision du 23 juillet 2008 seraient rédigées de cette manière volontairement neutre (cf. la loi n° 2009-38 du 13 janvier 2009 portant application de l'article 25 de la Constitution, *JO* du 14 janvier 2009, p. 720 et la loi n° 2009-403 du 15 avril 2009 relative à l'application des articles 34-1, 39 et 44 de la Constitution, *JO* du 16 avril 2009, p. 6528) qui sont les deux textes déjà adoptés. Ce projet de loi organique a été adopté en Conseil des ministres le 8 avril 2009 et il a été déposé sur le Bureau de l'Assemblée nationale le même jour[3]. Il comprend quatre articles, dont l'article 1er est le principal, par la longueur de son texte mais aussi par son contenu[4]. Cet article 1er introduit un chapitre II bis dans l'ordonnance du 7 novembre 1958 portant loi organique relative au Conseil constitutionnel et intitulé « De la question de constitutionnalité ». Pour mémoire, le chapitre II est intitulé « Des déclarations de conformité à la Constitution ». Contrairement à ce qui avait été parfois indiqué, le législateur organique n'a pas voulu créer un texte distinct de celui qui régit, jusqu'à ce jour, le Conseil constitutionnel, préférant l'unité mais conduisant à une série d'articles numérotés 23-1 à 23-11, afin de ne pas rompre la numérotation en vigueur[5]. Il est possible d'imaginer que le législateur va en ajouter d'autres au cours des débats parlementaires relatifs à la loi organique.

---

2. Pour une analyse plus précise de ces articles, voir les contributions d'A. Roux, dossier spécial *JCP* G 2008 et M. Verpeaux, « Question préjudicielle et renouveau constitutionnel », *AJDA*, n° 34, 2008, p. 1879.

3. Projet de loi organique relatif à l'application de l'article 61-1 de la Constitution, n° 1599, déposé le 8 avril 2009 et renvoyé à la commission des lois constitutionnelles, de la législation et de l'administration générale de la République.

4. Les autres articles sont consacrés, à l'article 2 à une modification du Code de justice administrative et du Code de l'organisation judiciaire, insérant des dispositions à caractère organique (art. LO 771-1 et LO 771-2, C. just. adm. et art. LO 461-1 et LO 461-2 et LO 630, C. org. jud.) qui se contentent de renvoyer aux articles de l'ordonnance du 7 novembre 1958, à l'article 3 au renvoi au décret et au règlement intérieur prévus par les articles 55 et 56 de l'ordonnance du 7 novembre 1958 (cf. *infra)* et à l'article 4 à la fixation de l'entrée en vigueur de la loi organique, repoussée au premier jour du troisième mois suivant celui de sa publication.

5. Dans la suite, les articles de ce projet sont mentionnés sous leur seule numérotation, sans autre précision.

L'article 3 du projet de loi organique renvoie aux textes d'application déjà prévus dans l'ordonnance organique du 7 novembre 1958, aux articles 55 et 56. Le premier d'entre eux prévoit que les modalités d'application de l'ordonnance organique pourront être déterminées par décret en Conseil des ministres, après consultation du Conseil constitutionnel et avis du Conseil d'État[6]. L'article 56 renvoie au règlement intérieur du Conseil le soin de compléter les règles de procédure édictées par le titre II de l'ordonnance, titre qui est celui consacré au « fonctionnement du Conseil » et qui comprend la définition des divers contentieux portés devant le Conseil. Sur ce fondement, deux règlements ont été adoptés, malgré l'emploi du singulier dans l'article 56 qui mentionne « son règlement intérieur ». Ces deux textes sont le règlement applicable à la procédure suivie par le Conseil constitutionnel pour le contentieux de l'élection des députés et des sénateurs[7], et le règlement applicable à la procédure suivie devant le Conseil constitutionnel pour les réclamations relatives aux opérations de référendum[8]. Le premier d'entre eux a fait l'objet de plusieurs modifications le 5 mars 1986, le 24 novembre 1987, le 9 juillet 1991 et le 28 juin 1995. À ces deux règlements, il faut ajouter le règlement intérieur sur les archives du Conseil constitutionnel du 27 juin 2001[9], pris sur le fondement de l'article 58 de l'ordonnance du 7 novembre 1958 modifié par la loi organique n° 2008-695 du 15 juillet 2008, mais, de ce fait, n'est pas concerné par le renvoi de l'article 3 du projet de loi organique aux seuls articles 55 et 56.

L'article 1er du projet de loi structure le futur chapitre II *bis* de l'ordonnance organique en trois sections correspondant aux trois étapes de la future procédure : la section 1 est consacrée aux « Dispositions applicables devant les juridictions », la section 2 aux « Dispositions applicables devant le Conseil d'État et la Cour de cassation ». Quant à la section 3, elle est logiquement intitulée « Dispositions applicables devant le Conseil constitutionnel ». Il ressort de ce projet de loi organique que la future question de constitutionnalité est soumise à des questions de procédure, mais

6. En réalité, seuls deux décrets ont été édictés le 13 novembre 1959, prévus par les articles 7 (décret n° 59-1292 du 13 novembre 1959, obligations des membres du Conseil constitutionnel) et 15 (décret n° 59-1293 du 13 novembre 1959, organisation du secrétariat général du Conseil constitutionnel).
7. Règlement non daté qui a été publié au *JO* du 31 mai 1959, p. 5505.
8. Règlement adopté le 5 octobre 1988, *JO* du 6 octobre 1988, p. 12607.
9. *JO* du 1er juillet 2002, p. 10590.

qu'elle permet de répondre à une question tenant à la constitutionnalité d'une disposition législative.

I. LA PROCÉDURE APPLICABLE À LA QUESTION DE CONSTITUTIONNALITÉ

L'article 61-1 est souvent présenté, de manière plus politique que juridique, comme la consécration d'un droit nouveau accordé aux citoyens leur permettant de saisir le Conseil constitutionnel. En réalité, il n'en est rien. Il s'agit d'une question soulevée devant une juridiction, et qui est susceptible de connaître des réponses très différentes.

A. UNE QUESTION POSÉE

La question de constitutionnalité n'appartient qu'aux justiciables mais elle n'est pas directement posée au Conseil constitutionnel.

1) Une question soulevée devant une juridiction

Les juridictions concernées sont celles relevant du Conseil d'État ou de la Cour de cassation (art. 23-1). Cette disposition ne surprend pas, même si l'article 61-1 prévoit que la question peut être « soutenue » à l'occasion d'une instance, sans autre précision, ce qui pouvait laisser penser que d'autres juridictions pourraient être concernées. Mais ce même article 61-1 prévoit aussi de confier au Conseil d'État et à la Cour de cassation un rôle de contrôle de la question posée au Conseil constitutionnel et il restreint nécessairement le champ d'application de cette procédure aux « seules juridictions relevant de l'une ou de l'autre juridiction suprême ». La liste des juridictions qui en sont alors exclues, parce qu'elles ne relèvent ni de la Cour de cassation, ni du Conseil d'État, mérite alors d'être établie. Elle est vite dressée et elle est hétéroclite, les raisons qui expliquent l'exclusion de compétence des deux juridictions supérieures étant variées. Il faut citer le Tribunal des conflits, le Conseil constitutionnel statuant en tant que juge électoral et la Cour supérieure d'arbitrage instituée par la loi du 11 février 1950 mais dont l'activité est très réduite[10]. En revanche, les arrêts de la Cour de justice de la République sont susceptibles de recours en cassation et les questions de constitutionnalité pourront donc être soulevées devant elle[11].

Relèvent de la procédure de la question préjudicielle toutes celles qui relèvent de la compétence de l'une ou de l'autre des juridictions supérieures, c'est-à-dire, s'agissant principalement de celles soumises au Conseil d'État, de l'ensemble des juridictions, y compris de celles dites administratives spécialisées (cf. art. L. 331-1 du Code de justice administrative qui fait référence à « toutes les juridictions administratives soumises au contrôle de cassation du Conseil d'État »).

L'article 23-1 de l'ordonnance modifiée prévoit que c'est à tous les niveaux de l'instance que la question pourra être soulevée. Le juge pénal présente cependant des particularités puisque le moyen ne pourra être soulevé devant la cour d'assises qu'en appel, dans un écrit accompagnant la déclaration d'appel (art. 23-1, al. 4). Cette restriction se justifie par la composition particulière de cette juridiction et par la volonté de régler les questions de droit et de procédure avant l'ouverture du procès criminel. Ainsi, en cas d'appel, la question pourra être soulevée au moment de la déclaration d'appel. Elle sera alors transmise à la Cour de cassation afin que la question de constitutionnalité soit examinée avant l'ouverture des débats devant la cour d'assises en appel.

Le futur article 23-5 réserve la possibilité de soulever directement la question de constitutionnalité devant le Conseil d'État ou la Cour de cassation, que ces juridictions statuent selon une compétence directe ou par la voie de la cassation.

Les conditions de forme sont les mêmes que la question soit soulevée devant des juridictions de première instance ou d'appel ou qu'elle le soit devant la Cour de cassation ou le Conseil d'État.

---

10. Nos remerciements vont au Président Bruno Genevois de nous avoir signalé cette juridiction qui avait échappé à nos recherches. Loi n° 50-205 du 11 février 1950 relative aux conventions collectives et aux procédures de règlement des conflits collectifs de travail (*JO* du 12 février 1950, p. 1688). L'article 14 de la loi précise que les décisions de cette Cour ne sont susceptibles d'aucun recours.

11. L'article 33 de la loi organique n° 93-1252 du 3 novembre 1993 sur la Cour de justice de la République dispose que « Dans les conditions et formes déterminées par le titre Ier du livre III du Code de procédure pénale, les arrêts de la Cour de justice de la République peuvent faire l'objet de pourvois en cassation qui sont portés devant l'assemblée plénière de la Cour de cassation. La Cour de cassation doit statuer dans un délai de trois mois ».

Dans tous les cas, la question doit faire l'objet d'un écrit motivé et distinct (art. 23-1 s'agissant des juridictions de première instance ou d'appel, et art. 23-5 s'agissant de la Cour de cassation ou du Conseil d'État). La question ne peut donc pas être soulevée par hasard, ou, plus probablement, au détour d'une argumentation qui ferait utilisation d'autres moyens. La question de constitutionnalité étant l'affaire des parties, celles-ci doivent la poser en toute connaissance de cause, ne serait-ce que parce qu'elle est susceptible de les entraîner dans une procédure plus longue que celle qui était prévue initialement (cf. *infra* sur les délais). Cette condition de forme est une condition de recevabilité fixée expressément à l'article 23-1 du projet de loi organique.

2) *Une question posée par un justiciable*

L'article 61-1 de la Constitution prévoit que la question peut être posée « lorsqu'il est soutenu », en utilisant une formule passive, qu'une disposition législative porte atteinte aux droits et libertés que la Constitution garantit. Le législateur organique en a déduit que seule une partie à l'instance en cours pouvait soulever cette question. L'article 23-1, alinéa 1 affirme de manière nette que la question ne peut être soulevée d'office. Une fois encore, la question de constitutionnalité doit rester l'affaire des parties, et le juge ne peut s'immiscer de lui-même dans un débat qui ne lui appartient pas. La question est destinée essentiellement à protéger les droits et les libertés revendiqués par l'une ou l'autre des parties, et le juge n'a pas vocation à intervenir dans cette question. Il n'existe pas ainsi d'ordre public constitutionnel, au moins dans le cadre de la question de constitutionnalité, qui pourrait justifier l'intervention du juge en dehors d'une demande des parties. Mais cette partie, en matière pénale principalement, peut être le Ministère public.

D'autres personnes ou autorités auraient pu être envisagées comme étant susceptibles de soulever la question devant une juridiction du fond ou de cassation, au nom de la défense d'intérêts supérieurs dont elles sont les garants. On songe ainsi au médiateur de la République et à son successeur éventuel, le Défenseur des droits prévu à l'article 71-1 nouveau de la Constitution. Rien de tel n'est prévu en France, à la différence de ce qui existe dans d'autres pays, comme, par exemple, en Roumanie au profit de l'avocat du peuple (art. 146-d de la Constitution).

La question de constitutionnalité n'est en outre pas posée directement au Conseil constitutionnel. Il existe tout d'abord des conditions, au nombre de trois et fixées à l'article 23-2 pour que la juridiction du fond saisie de cette question puisse transmettre la question au Conseil d'État ou à la Cour de cassation. Deux de ces conditions ne soulèvent pas de difficultés majeures, au moins de principe. La question, tout d'abord, doit commander l'issue du litige. Elle ne doit pas, ensuite, être dépourvue de caractère sérieux. La troisième condition intéresse la nature du contrôle de constitutionnalité et elle intéresse l'autorité de chose jugée. Elle sera examinée ultérieurement.

La Cour de cassation et le Conseil d'État sont astreints eux-mêmes aux mêmes conditions lorsque la question de constitutionnalité est soulevée devant eux pour la première fois (art. 23-5) ou lorsque l'une ou l'autre de ces juridictions est saisie d'une question transmise par l'une des juridictions qui leur sont soumises (art. 23-4). Mais ces deux juridictions ont la possibilité, s'agissant de la troisième condition de l'article 23-2 précité, afin de décider de saisir le Conseil constitutionnel, de choisir entre la difficulté sérieuse et la question nouvelle. Cette option a été présentée avec raison comme une bonne chose car ces juridictions pourront en effet être confrontées à deux hypothèses différentes mais qui méritent toutes deux de faire l'objet d'une question posée au Conseil constitutionnel[12].

Les juridictions supérieures doivent exercer un contrôle, qui est souvent qualifié de filtre mais qui ressemble à un examen des conditions de recevabilité. Le véritable filtre aurait consisté, pour ces juridictions, à ne laisser « passer » que les questions dignes d'intérêt ou qu'elles auraient voulu voir examiner par le Conseil. En posant des conditions précises, le projet de loi organique évite l'arbitraire de ces juridictions qui pourront ainsi être soumises au contrôle des justiciables à défaut de l'être de la part d'instances extérieures. Pour autant, le texte des articles 23-4 et 23-5 semble impliquer le caractère obligatoire de la question posée au Conseil constitutionnel lorsque ces conditions sont remplies. Ces articles utilisent des rédactions comme « il est procédé au renvoi » (art. 23-4) ou le Conseil d'État ou la Cour de cassation « saisit le Conseil constitutionnel » (art. 23-5). L'emploi de l'indicatif présent va bien sûr dans ce même sens. Dans le cas où ces juridictions ne poseraient pas la question de constitutionnalité, il aurait été

12. Voir B. MATHIEU, « Question préjudicielle de constitutionnalité, À propos du projet de loi organique », *La Semaine juridique,* éd. G, n° 18, 29 avril 2009, p. 3.

possible d'envisager un dessaisissement au profit du Conseil. Une telle disposition n'est pas prévue dans le texte du projet.

B. UNE RÉPONSE NÉCESSAIRE

La réponse à la question posée n'est pas apportée par la juridiction devant laquelle la question est posée. C'est en cela qu'elle n'est pas assimilable à une exception d'inconstitutionnalité. La réponse relève du seul Conseil constitutionnel et elle est une condition de la solution du litige.

1) Le monopole du Conseil constitutionnel

Ce monopole apparaît nettement dans la section 3 du chapitre II *bis*. Saisi dans les conditions ci-dessus exposées, le Conseil est soumis à un délai de trois mois pour statuer à compter de sa saisine. (art. 23-9). Le projet de loi organique ne distingue pas deux situations, l'une normale et l'autre d'urgence comme dans le cas du contrôle *a priori* qui envisage un délai d'un mois en situation normale et un délai de huit jours en cas d'urgence demandée par le Gouvernement (art. 61, al 3).

Mais le projet de loi organise un mécanisme original de publicité des saisines car le Conseil doit aviser les quatre autorités historiques de saisine du contrôle *a priori* que sont le Président de la République, le Premier ministre, et les présidents des deux assemblées (art. 23-8). Sont exclus de cette obligation d'information les deux groupes de parlementaires, soixante députés ou soixante sénateurs, qui peuvent saisir le Conseil depuis la loi constitutionnelle n° 74-904 du 29 octobre 1974 portant révision de l'article 61 de la Constitution[13]. Il sera en effet impossible d'informer des parlementaires qui sont nommément désignés dans la saisine dans le cadre du contrôle *a priori* et qui ne seront peut-être plus titulaires d'un mandat au moment du contrôle *a posteriori*. Alors que les institutions que sont les quatre premières autorités de saisine auront, d'une certaine manière, des chances d'exister encore dans le futur, sous ce nom ou sous un autre. Tel est le pari du projet de loi organique.

Toute la question est de savoir à quoi servira cette information. L'article 23-8 précité prévoit que ces autorités pourront

13. *JORF*, 30 octobre 1974, p. 11035.

présenter des « observations » sur la question de constitutionnalité. On peut donc imaginer que celles-ci se feront par le biais de mémoires en défense des dispositions législatives contestées dans le litige principal, mais qu'elles pourront aussi venir au soutien de la critique de ces mêmes dispositions. En réalité, ces observations s'apparenteront aux « interventions » qui sont présentées devant la juridiction administrative, soit en défense de l'acte administratif, soit au soutien du recours (cf. art. R. 632-1, C. just. adm.). La différence réside dans la définition limitée et préalable des intervenants.

Ces observations pourront être divergentes en fonction des opinions des unes et des autres autorités et la défense de la loi votée il y a de nombreuses années pourra avoir un caractère quelque peu surréaliste. Le législateur organique n'a pas voulu cependant perdre la possibilité pour le Conseil d'entendre une autre voix que celle des parties, qui soit inspirée par des considérations générales, et non pas motivée par un point de vue partisan. C'est en quelque sorte le retour du contentieux objectif et la négation, partielle, du rôle des parties. Le texte est muet aussi sur la manière dont le Conseil pourra prendre en compte des observations et leurs divergences. Le règlement de procédure, qui devra intervenir, ou la jurisprudence du Conseil décidera si ces observations seront rendues publiques, ou si elles seront au moins visées dans la décision, car le projet de loi ne prévoit rien à ce sujet. En transposant les règles applicables aux interventions pratiquées devant le juge administratif, il faut souhaiter qu'il soit fait état de ces « observations », à la différence des portes « étroites » qu'il vaudrait d'ailleurs mieux appeler « fermées ».

Ces mêmes autorités politiques sont également destinataires de la décision du Conseil, ce qui peut paraître logique puisque ce sont celles qui participent à l'exécution de la loi, pour le président de la République et le Premier ministre, et celles qui font la loi pour les présidents des assemblées (art. 23-10, al. 2). Cette information d'autorités qui ne sont pas des parties à l'instance n'est pas la seule prévue. La décision est en effet notifiée aux parties, au Conseil ou à la Cour de cassation en fonction de l'ordre juridictionnel à l'origine de la question, ainsi, le cas échéant, qu'à la juridiction devant laquelle celle-là a été soulevée (al. 1er). Elle est aussi publiée au *Journal officiel* (al. 3), comme le sont les décisions du Conseil dans le cadre du contrôle *a priori* (art. 20 de l'ordonnance du 7 novembre 1958 pour les décisions de déclaration de conformité). Ces différentes modalités de publicité illustrent le caractère double de la procédure, à la fois contentieux de la « légalité » (ici plutôt de la constitutionnalité) et contentieux des droits.

2) *Le Conseil constitutionnel, une vraie juridiction*

Le Conseil doit statuer contradictoirement et publiquement (art. 23-9). Il s'agit là d'une modification majeure du fonctionnement du Conseil constitutionnel. Celui-ci n'était obligé d'admettre la présence des parties, si elles le souhaitaient, que dans le cadre du contentieux électoral (art. 17 du règlement de procédure pour le contentieux de l'élection des députés et des sénateurs[14]). Désormais, les parties n'auront plus rien à demander, car ce caractère public est de droit. Néanmoins, dans certains contentieux pouvant mettre en cause des personnes susceptibles d'être protégées, dans le cas de mineurs par exemple, le Conseil constitutionnel pourra prononcer lui-même une forme de huis clos. Du moins peut-on le supposer car l'article 23-9 se contente de renvoyer au règlement intérieur du Conseil pour définir les « cas exceptionnels » dans lesquels l'audience ne sera pas publique.

Le Conseil devra s'adapter aussi sur le plan des locaux et prévoir la présence du public, au moins par le biais d'une retransmission télévisée des débats. Les travaux ont déjà commencé dans ce sens, rue Montpensier, dans des murs qui n'avaient pas été conçus dans cet esprit. C'est un changement aussi dans les méthodes de travail. Jusqu'à présent, l'audience et le délibéré se confondaient dans la pratique du Conseil, car il n'y avait pas, en fait, de véritable audience, du moins dans le contentieux des normes. Avec la loi organique, les deux phases seront distinctes, comme dans tout procès.

Un tel procès fait à la loi dans le cadre d'un litige porté devant des juridictions susceptibles de trancher des contestations sur des droits et obligations de caractère civil ou sur le bien-fondé d'une accusation en matière pénale sera soumis aux exigences de l'article 6 § 1 de la Convention européenne des droits de l'homme, par application de la jurisprudence *Ruiz-Mateos c/ Espagne* du

14. L'alinéa 2 de cet article 17 modifié par la décision du 28 juin 1995 dispose que « Les séances du Conseil constitutionnel ne sont pas publiques. Cependant les personnes visées aux articles 3 et 9 du présent règlement peuvent demander à y être entendues ».

23 juin 1993 de la Cour européenne des droits de l'homme (Requête n° 12952/87, série A n° 262).

La réponse du Conseil est en effet nécessaire à la poursuite du litige. La décision de poser la question de constitutionnalité, ou de ne pas la poser, n'a d'ailleurs pas d'existence propre. Celle de transmettre la question au Conseil d'État ou à la Cour de cassation n'est susceptible d'aucun recours (art. 23-2) qui pourrait être intenté par la partie « perdante », c'est-à-dire celle qui a intérêt au maintien de la loi et, dans tous les cas où le ministère public a un droit d'action, par ce dernier.

Le refus de transmettre ne peut pas non plus être contesté en soi (art. 23-2). Il ne peut l'être qu'à l'occasion d'un recours contre la décision réglant le litige. La question de constitutionnalité ne peut devenir un procès en soi ou autonome. Elle est liée, jusque dans les voies de recours, au litige à l'occasion duquel elle est née. Elle ne constitue pas un litige dans le litige ou à côté de celui-ci. Elle doit permettre de résoudre le litige principal et ne doit pas contribuer à en retarder la solution. Le risque est grand en effet que les procès en constitutionnalité soient facteurs de retard et soient des prétextes pour empêcher la solution d'un litige. Le législateur organique a sans doute bien fait de prévoir que, d'un procès, ne devait pas naître un nouveau procès. C'est sans doute la condition pour que la question de constitutionnalité n'apparaisse pas comme une entrave inutile à la justice et qu'elle soit délaissée. Il en va du succès de la révision de 2008 et de l'introduction de l'article 61-1.

Dans le cas où le Conseil d'État ou la Cour de cassation, dans leur rôle de contrôle, ne se prononcent pas, ou ne saisissent pas le Conseil constitutionnel, il n'y a pas de procédure de dessaisissement et d'auto-saisine du Conseil constitutionnel. Cette auto-saisine était parfois souhaitée par certains auteurs avant la parution de ce projet. Mais le législateur a entendu faire prévaloir l'autorité des décisions rendues par les juridictions supérieures de chaque ordre de juridiction.

II. LA CONSTITUTIONNALITÉ DE LA LOI

Le contrôle *a posteriori* institué par l'article 61-1 de la Constitution concerne une ou des « dispositions législatives ». La même expression est reprise aux articles 23-1 pour les questions posées devant les juridictions, et 23-5 pour les questions posées directement devant la Cour de cassation ou devant le Conseil d'État. Elle est plus large que celle de loi et elle est susceptible de comprendre les textes de valeur législative adoptés sous une autre forme que celle de la « loi », si l'on veut bien comprendre ce dernier terme comme désignant l'acte adopté par un Parlement au terme d'une procédure législative.

La référence à « la disposition législative » peut être comprise comme une règle adoptée sous forme d'une loi (au sens de l'art. 37, al. 2 qui mentionne les « textes de forme législative ») ou au contraire comme une disposition ayant une force législative, quelle que soit sa forme. Dans ce deuxième sens, elle pourrait désigner, outre les lois au sens formel, les ordonnances ratifiées ou ayant eu, d'emblée, une force législative comme celles adoptées en 1945-1946 ou au cours de la période de transition entre octobre 1958 et février 1959, au titre de l'article 92 qui leur avait donné force de loi. On peut même y ajouter les mesures adoptées au titre de l'article 16 ayant valeur législative (CE ass., 3 mars 1962, *Rubin de Servens, Rec.* p. 143). Quand on sait que plusieurs centaines d'ordonnances ont été adoptées sur le seul fondement de l'article 92, la perspective ouverte n'est pas mince.

A. LA CONTRARIÉTÉ À LA CONSTITUTION

La contrariété à la Constitution ne concerne pas, en réalité, tout le texte constitutionnel, mais les droits et libertés. Si l'on accepte de penser que l'article 16 de la Déclaration des droits de 1789 définit le contenu d'une Constitution idéale, la partie qui est concernée par la protection introduite par le nouvel article 61-1 concerne « la garantie des droits » et non pas « la séparation des pouvoirs ».

Les droits et libertés visés sont « garantis par la Constitution ». Ce sont, de manière évidente, les droits et libertés reconnus expressément par le texte de la Constitution, étant entendu que celle-ci englobe l'ensemble des textes visés par l'expression de « bloc de constitutionnalité »· malgré toutes les réserves que peut susciter cette expression, et comprenant la Déclaration des droits de 1789 et le Préambule de 1946, mais aussi la Charte de l'environnement de 2004. Ce sont aussi les droits et libertés qui ont été ou qui seront dégagés par le juge constitutionnel, notamment les principes non écrits qui ont valeur constitutionnelle. On pense notamment au principe de continuité des services publics, dont le Conseil n'a jamais cherché à préciser le rattachement textuel (déc. DC 79-105 DC du 25 juill. 1979, *Rec.* p. 33). La question est plus délicate mais, nous semble-t-il plus facile à régler, en ce qui concerne les principes fondamentaux reconnus par les lois de la République dont l'ancrage constitutionnel est prévu par l'alinéa 1er du Préambule de 1946 et pour lesquels le Conseil entend trouver une source législative précise depuis la décision n° 88-244 DC du 20 juillet 1988 (loi portant amnistie, *JO* du 21 juill. 1988, p. 9448). C'est la même « Constitution » que celle qui est visée à l'article 61 qui prévoit que le Conseil se prononce sur la conformité de certains textes à la « Constitution », car le Conseil ne pourra pas envisager différemment la Constitution, que le contrôle soit *a priori* ou *a posteriori*.

Mais les droits et libertés ne sont qu'une partie de la Constitution, même s'ils ont eu tendance, depuis une période récente, à occuper tout le terrain constitutionnel. La mention des seuls « droits et libertés » exclut sans doute les règles de procédure législative ainsi que les règles de compétence normative, au premier rang desquelles figure l'article 34. On est alors loin de l'idée qui domine notre droit selon laquelle c'est la loi qui protège et le décret qui opprime et qui transparaît à l'alinéa 2 de l'article 34 à propos des règles relatives aux « garanties fondamentales accordées aux citoyens pour l'exercice des libertés publiques ».

Mais cet article peut prévoir, en même temps qu'il donne compétence au législateur, des principes de fond et reconnaître, de manière quasi incidente, de nouveaux droits et libertés. Tel fut le cas, pendant longtemps, selon une certaine doctrine, de l'alinéa 13 consacrant le principe de « libre administration » des collectivités locales, devenues entre-temps des collectivités territoriales. Tel est aussi, de manière plus récente, celui de la reconnaissance de la liberté, du pluralisme et de l'indépendance des médias à l'alinéa 2 de cet article 34, par la loi constitutionnelle du 23 juillet 2008. Le Conseil constitutionnel n'a pas mis longtemps à trouver dans cette disposition, qui pouvait être considérée comme simplement attributive de compétence, la source de l'objectif de valeur constitutionnelle du pluralisme (déc. 2009-577 DC du 3 mars 2009)[15]. Le texte de l'article 61-1 repris par le projet de loi organique

15. Loi relative à la communication audiovisuelle et au nouveau service public de la télévision, *JO* du 7 mars 2009, p. 4336, nos obs. *JCP* G, n° 18 du 29 avril 2009.

mentionne les « droits et libertés » sans faire de distinction entre les deux, et semble traiter de la même manière les uns et les autres.

Le droit français a bien du mal à appeler par leur nom « les droits de l'homme » ou, si l'on préfère une terminologie plus moderne, « les droits fondamentaux ». La Constitution emploie de manière non justifiée, au sens où il est difficile de comprendre pourquoi le constituant emploie une expression plutôt qu'une autre, les expressions de « libertés publiques » (art. 34 et 73, al. 4), de « Droits » à propos du Défenseur des droits (art. 71-1), de liberté publique ou droit constitutionnellement garanti (art. 72, al. 4) pour désigner ce qu'il faut considérer, de prime abord, comme des synonymes. Le législateur a, quant à lui, préféré l'expression de « liberté fondamentale » dans l'article L. 521-2 du Code de justice administrative, relatif au référé-liberté. Cette absence d'harmonisation des différents catalogues de droits pose des problèmes de frontière assez délicats.

Le Comité de réflexion présidé par Edouard Balladur avait proposé une autre expression pour le futur article 61-1, celle de « libertés et droits fondamentaux » qui se retrouvait partiellement dans la dénomination initiale du « Défenseur des droits fondamentaux »[16]. La loi constitutionnelle a préféré celle « de droits et libertés que celle-ci garantit », formule neutre qui n'assortit pas les droits et les libertés d'un quelconque qualificatif. Le constituant aurait pu adopter la formule, qui est la plus exacte mais pas la plus courte, de « règles et principes à valeur constitutionnelle » et qui est utilisée par le Conseil lui-même, mais le constituant ne l'a pas souhaité, voulant limiter la protection à une partie seulement de la Constitution. Par ce choix, est également exclu du contrôle tout ce qui intéresse la répartition des compétences normatives, ce qui paraît impliquer que celle-ci n'est en rien protectrice des droits et libertés.

La question des « objectifs de valeur constitutionnelle » dégagés par le Conseil constitutionnel, comme par exemple la sauvegarde de l'ordre public, la préservation du pluralisme des courants d'expression socio-culturels, l'accessibilité et l'intelligibilité de la loi, la bonne administration de la justice ou celui permettant à chacun de disposer d'un logement décent, reste posée dans la mesure où, dans l'acception habituelle de cette norme constitution-

16. E. BALLADUR, *Une Ve République plus démocratique, op cit,* p. 168 et s. et p. 254.

nelle, elle n'est pas considérée comme un droit ou une liberté[17]. Mais on sait que la perception des notions évolue et que l'objectif peut se transformer en droit, comme l'a montré la loi n° 2007-290 instituant le droit au logement opposable et portant diverses mesures en faveur de la cohésion sociale, même si ce droit n'a pas acquis, en l'état, valeur constitutionnelle (*JO* du 6 mars 2007, p. 4190).

Les droits et libertés sont ainsi distingués au sein de la Constitution, ce qui leur confère une place privilégiée, mais sans en préciser la source ni la nature exacte, tout en les maintenant dans le giron national, puisque ce futur catalogue est énoncé sans référence à celui contenu dans la Convention européenne des droits de l'homme ou dans la Charte européenne des droits fondamentaux. Il appartiendra au Conseil constitutionnel, mais aussi aux juridictions ordinaires qui sont habituées à utiliser les catalogues européens, et à qui la question sera posée, de déterminer les éventuelles convergences et l'harmonisation de ces différentes proclamations de ces droits et libertés.

La question des droits et libertés que la Constitution garantit ne peut pas manquer de poser la question des droits et libertés garantis par d'autres textes, notamment les textes européens[18]. L'article 23-2 obligera le juge à examiner d'abord la question de constitutionnalité avant celle de conventionnalité, au nom de la primauté de la Constitution dans l'ordre juridique interne, mais aussi au nom de l'efficacité de l'abrogation résultant du constat de l'inconstitutionnalité d'une disposition législative, par rapport au résultat obtenu lors d'une véritable procédure d'exception. Remarquons seulement que la rédaction de cet article n'est pas totalement satisfaisante en ce qu'il évoque un moyen de façon analogue[19]. Or, ce n'est pas tant le moyen qui importe que la protection et la garantie d'un droit qui doivent être identiques dans les deux mécanismes. Ce sont donc le champ d'application et l'étendue du droit ou de la liberté qui sont en cause, beaucoup plus que la manière dont le moyen sera formulé.

La réserve de l'article 88-1, prévue expressément à l'article 23-2, fait droit à la jurisprudence née de la décision 2004-496 DC,

17. P. de Montalivet, *Les objectifs de valeur constitutionnelle,* Dalloz, coll. Thèmes et commentaires, 2006.

18. Sur ce sujet, voir l'intervention de L. Burgorgue-Larsen (*infra*).

19. Cf. B. Mathieu, « Question préjudicielle de constitutionnalité, À propos du projet de loi organique », p. 3.

loi pour la confiance dans l'économie numérique (*Rec.* p. 101), poursuivie par les décisions n° 2006-540 DC du 27 juillet 2006, loi relative au droit d'auteur et aux droits voisins dans la société de l'information (*Rec.* p. 88), et 2006-543 DC du 30 novembre 2006, loi relative au secteur de l'énergie (*Rec.* p. 120).

B. UN NOUVEAU CONTRÔLE DE CONSTITUTIONNALITÉ

Parmi les conditions de recevabilité qui s'imposent aux juges du fond (art. 23-2) mais aussi au Conseil d'État et à la Cour de cassation (art. 23-4 qui y renvoie), figure celle selon laquelle la disposition législative contestée n'a pas déjà été déclarée conforme à la Constitution dans les motifs et de dispositif d'une décision du Conseil constitutionnel. Le même article prévoit néanmoins une exception.

1) L'autorité de chose jugée

Cette condition est destinée à éviter les recours dilatoires et les questions de constitutionnalité qui n'auraient d'autre but que de ralentir le cours des procès. Elle pose le postulat de l'identité de la fonction du contrôle *a priori* institué par l'article 61 et du contrôle *a posteriori* garanti par l'article 61-1. Cette similitude devra s'appliquer aussi aux cas, rares, dans lesquels le Conseil se prononce sur une loi déjà promulguée dans le cadre d'un contrôle *a priori*, par application de la jurisprudence État d'urgence en Nouvelle-Calédonie (déc. 85-187 DC du 25 janvier 1985), sous réserve du devenir de cette jurisprudence, du fait, précisément, de l'introduction d'un véritable contrôle *a posteriori*.

L'identité du contrôle est établie lorsqu'elle porte sur les motifs et le dispositif de la décision. Le « et » est important, car le Conseil doit s'être prononcé expressément sur la disposition législative litigieuse. Cette précision du projet est destinée à contourner la fameuse formule du considérant-balai par laquelle le Conseil déclare qu'« il n'y a lieu de soulever d'office aucune question de conformité » (ou aucune « autre » question de conformité lorsque l'une d'entre elles a été soulevée par le Conseil). Dans ce cas, le Conseil ne s'est prononcé que dans l'exposé des motifs et non dans le dispositif. Les dispositions de la loi, dans le cas le plus simple d'une loi postérieure à 1958 et ayant fait l'objet d'une saisine, qui n'ont pas été déclarées conformes à la Constitution de manière expresse dans le dispositif de la décision, ne seront pas concernées par cette restriction posée par l'article 23-2.

Mais plusieurs situations peuvent se présenter. Jusqu'en 1995 environ, le Conseil a pu décerner, aux autres dispositions de la loi que celles sur lesquelles il s'est expressément prononcé, ce que la doctrine a qualifié parfois de « brevet de constitutionnalité », en estimant, dans le dispositif cette fois, que la loi examinée, dans son ensemble, n'était pas contraire à la Constitution[20]. En ce qui concerne les lois organiques, soumises au contrôle obligatoire par l'alinéa 1er de l'article 61 (et accessoirement par l'al. 5 de l'art. 46), le Conseil constitutionnel se prononce, du fait des caractéristiques de ce contrôle, sur la totalité de la loi, pour proclamer que la « loi organique est déclarée conforme à la Constitution »[21].

S'agissant des lois organiques, ce contrôle qui se veut complet interdira-t-il qu'un justiciable puisse soulever une question de constitutionnalité, au motif que le Conseil s'est déjà prononcé sur sa conformité à la Constitution aussi bien dans ses motifs que dans le dispositif de sa décision ?

Le projet de loi organique a prévu cependant une porte de sortie.

2) *Une autorité relative*

L'article 23-2 prévoit en effet que la question préjudicielle ne peut être posée, en cas de décision déjà rendue par le Conseil, « sauf changement de circonstances ». Cette réserve qui paraît tout à fait salutaire nuance l'affirmation de l'identité des contrôles *a priori* et *a posteriori*. Elle permet de s'interroger sur le point de savoir si le contrôle de la norme est le même que celui de l'application de la loi[22]. Dans une pure conception normativiste, la loi n'est pas différente selon les données concrètes qui l'entourent et l'évolution du temps ne peut atteindre son contenu intrinsèque. La réserve introduite à l'article 23-2 semble impliquer néanmoins que

20. Pour prendre un exemple, voir la décision 143 DC du 30 juillet 1982, dite Blocage des prix et des revenus (*Rec.* p. 57).
21. Il procède de la même manière pour les règlements des assemblées, eux aussi soumis au contrôle obligatoire du Conseil en vertu du même alinéa 1er de l'article 61, et les résolutions modifiant ceux-ci (voir par exemple la décision 90-275 DC du 6 juin 1990), mais les règlements ne sont pas des dispositions législatives au sens de l'article 61-1 et ne seront pas concernés par le contrôle *a posteriori*.
22. Cf. B. Mathieu, *op cit.*

la disposition législative peut être affectée par l'écoulement du temps.

Parmi les conditions de l'application de l'autorité de la chose jugée, figure l'identité des parties (art. 1351, C. civ.). On pourrait soutenir que tel ne pourra pas être le cas entre le contrôle *a priori* et le contrôle *a posteriori*. Le projet de loi évoque le « changement de circonstances » sans préciser si ce changement sera de droit ou de fait. On peut supposer, du fait de la lacune du texte, que les deux perspectives pourront être offertes au Conseil. Le changement de circonstances de fait est susceptible de s'apparenter au bouleversement des conditions comme dans la théorie de l'abrogation des actes administratifs et qu'elle ne pourra être admise que dans des conditions très restrictives au nom de ce que l'on appelle la sécurité juridique (CE ass., 10 janvier 1964, *Simonnet*, *Rec.* p. 19).

Le changement de circonstances de droit est plus facile à imaginer lorsque, par exemple, la Constitution aura été, entre le moment de l'adoption de la loi et celui de son examen par le Conseil à l'occasion d'une question de constitutionnalité, modifiée. Ce qui était inconstitutionnel peut devenir constitutionnel, ou l'inverse.

CHAPITRE 2
L'AVOCAT FACE À UNE QUESTION PRÉJUDICIELLE DE CONSTITUTIONNALITÉ

Bruno Potier De La Varde
Avocat au Conseil d'État et à la Cour de cassation
Ancien président de l'Ordre

À prendre le sujet à la lettre, il s'agirait seulement de savoir comment réagit l'avocat à une question préjudicielle qui a été posée, par hypothèse par quelqu'un d'autre, et donc, puisqu'elle ne peut avoir été posée d'office par le juge, par une autre partie.

Eh bien, je ne vais pas vous surprendre : l'avocat répondra à la question préjudicielle selon ce que lui commanderont les intérêts de son client, et c'est bien là tout ce que l'on peut en dire. Ma contribution à cette journée de réflexion prospective, si elle devait s'arrêter là, serait une bénédiction pour les problèmes d'horaire des organisateurs mais elle ne manifesterait pas pour l'auditoire tout le respect que je lui dois.

J'ai donc pensé préférable d'envisager la question, sans préjudice pour quiconque, plutôt dans son esprit que dans sa lettre, et d'évoquer la réaction d'un avocat à l'institution nouvelle qui vient d'être créée par la loi constitutionnelle, telle que le projet de loi organique permet d'en supposer aujourd'hui le fonctionnement. La réaction d'un avocat parmi d'autres, et, vous le savez, il en est du barreau comme de l'Université : il y a autant d'opinions différentes que de membres.

L'avocat a ceci de commun avec l'artisan qu'il est avide d'instruments qui lui permettront d'atteindre l'objectif qui est le sien : la meilleure défense possible des intérêts de son client, celui auquel on donne ce vilain nom de justiciable. Alors, en présence d'une nouvelle institution contentieuse, il va d'abord se poser la question de son utilité. Quel progrès apporte ce nouvel instrument à sa panoplie de défenseur ? Puis viendront tout de suite les vraies questions, c'est-à-dire les questions techniques : comment ça marche ? comment on s'en sert ? et, puisqu'il y a procès, contre qui on s'en sert ?

I. L'UTILITÉ DE LA QUESTION PRÉJUDICIELLE DE CONSTITUTIONNALITÉ

Mais au fait, est-ce que la question sert à quelque chose, pour le justiciable s'entend, puisque pour le reste, la réponse est certainement positive : elle sert, par exemple, à faire des colloques...

Il y a bien sûr des opposants : Jean Foyer : « Vous allez inventer le droit des empoisonneurs ! ». Le professeur Yves Gaudemet dans son récent article : « Pourquoi faire simple quand on peut faire compliqué » : « C'est ouvrir la voie à la chicane au détriment d'une légitime exigence de sécurité et de stabilité du droit ». Même préoccupation chez le Président Mazeaud : Pourquoi penser que la réappropriation de la Constitution par le citoyen passe par le contentieux ? N'est-ce pas là une vision réductrice et négative du rapport à la Constitution ? Si celle-ci doit d'abord être un lien, drôle de façon de lier que de fomenter la chicane !

Il est vrai que l'on peut craindre un grand appétit de nos chicaniers et autres plaideurs ou quérulents d'habitude pour l'institution nouvelle, qui leur apparaîtra sans doute comme un nouveau terrain de jeu séduisant d'autant plus que l'exception pourra être invoquée devant des juges aisément accessibles, c'est-à-dire sans représentation obligatoire.

Mais le mécanisme du filtre qui a été mis en place est bien de nature à dissuader la chicane.

Et puis, si chicane il doit y avoir, ne vaut-il pas mieux qu'elle se développe au regard de nos propres règles constitutionnelles et trouve sa solution dans le cadre de nos propres institutions ?

Au barreau, la réforme a été bien accueillie, à en juger par la vive satisfaction exprimée ici même par le bâtonnier Paul Albert Iweins, président du Conseil national des barreaux, à l'occasion de rencontres organisées l'année dernière par le Cercle des constitutionnalistes. Il est vrai que la réforme était depuis longtemps attendue. Dans un article à la *Revue du droit public*, en 1990, le bâtonnier Bernard du Granrut faisait sien le propos du professeur

Chevallier : L'instauration de l'exception d'inconstitutionnalité constituerait indéniablement une pierre importante à l'édification de l'État de droit en France. Il est certain qu'elle permettra de réduire ce qui a été joliment désigné comme un angle mort du contrôle de légalité et, du point de vue intellectuel, l'on ne peut que se réjouir de la possibilité d'invoquer notre texte national suprême avec autant, et même plus d'efficacité que les conventions internationales.

Mais était-il bien nécessaire d'en arriver là pour atteindre ce résultat ? Les juridictions ordinaires ne pouvaient-elles créer, pour elles-mêmes cet instrument ? Citons Duguit, en 1923 : « l'opinion suivant laquelle les tribunaux ne sont pas compétents pour apprécier la constitutionnalité des lois est certainement erronée ». Soit, mais il n'y avait pas alors de Conseil constitutionnel... Beaucoup plus récemment, le professeur Denys de Béchillon a écrit, dans les *Mélanges Favoreu* en 2007, un plaidoyer pour l'attribution aux juges ordinaires du pouvoir de contrôler la constitutionnalité des lois. Une thèse récente, même, a voulu en démontrer la possibilité, sans modification des textes.

La porte a été très nettement fermée par le Conseil d'État. L'arrêt *Deprez et Baillard* du 5 janvier 2005 ne laisse aucune perspective : il ressort des débats tant du comité consultatif constitutionnel que du Conseil d'État que les modalités adoptées excluent un contrôle de constitutionnalité de la loi au stade de son application. Et le *Recueil Lebon* de rapprocher cette solution de l'arrêt *Arrighi,* 1936. Là, c'est toute la tradition du Conseil d'État qui est convoquée. Les choses étaient immuables.

Mais du côté de l'autorité gardienne, selon la Constitution, des libertés individuelles ? Curieusement, il ne semble pas qu'il y ait eu l'occasion d'une grande prise de position de ce côté-là de la Seine. Et pour cause, les avocats n'ayant pas eu la pratique, devant le juge judiciaire, d'invoquer l'inconstitutionnalité de la loi opposée à leur client, ou en cas d'échec, de s'en plaindre devant la Cour de cassation. Comment expliquer qu'ils n'aient pas davantage essayé ? Sans doute largement par le succès, l'engouement en tout cas, pour les moyens tirés de l'inconventionnalité de la loi, permettant, ou censés permettre de répondre à la plupart des situations contentieuses. Peut-être aussi parce que la position exprimée par le Conseil d'État est celle qui a été largement véhiculée par l'Université et qu'elle a été en quelque sorte intégrée par les générations de juristes, en tout cas les publicistes, qui auraient pu le plus avoir l'idée d'invoquer notre bloc de constitutionnalité. L'on ne peut ainsi savoir quelle aurait été la réponse des juridictions de l'ordre judiciaire, mais ce qui est sûr, c'est qu'elle n'aurait pu être différente de celle du Conseil d'État sans susciter un certain désordre dans notre appareil de justice.

On ne pouvait donc sans doute aboutir à instituer d'une autre façon le contrôle de constitutionnalité de la loi. Soit, il n'y avait pas d'instrument permettant d'atteindre le même résultat, mais celui-ci est-il pour autant bien utile ? L'avocat doit envisager cette question sous deux aspects : dans quel cas l'outil nouveau pourra-t-il être utilement employé, et avec quels effets ?

A. LES CAS D'USAGE

On a beaucoup dit, pour tempérer l'intérêt de la réforme, que le contrôle de conventionnalité avait un champ d'application si étendu que bien rares sont les hypothèses où la Constitution pourrait être plus utilement invoquée que l'un ou l'autre des traités européens. De fait, on parle en général, pour dire que c'est à peu près tout, du principe constitutionnel d'égalité, dont l'application est beaucoup plus étendue que celle de la non discrimination garantie par l'article 14 de la Convention européenne, et aussi de la laïcité, mais, c'est vrai, les droits et libertés prévus par la Convention, par les traités européens, les droits fondamentaux, la charte, tous ces droits recouvrent très largement le spectre des droits et libertés consacrés par le bloc de constitutionnalité.

Pourtant, en cherchant un peu !

Le professeur Cassia évoque un vieux principe un peu défraîchi mais qui pourrait encore servir, le principe d'indépendance des enseignants-chercheurs, et aussi celui de libre administration des collectivités locales. Le professeur Guillaume Drago repère pour sa part le principe suivant lequel l'autorité judiciaire est gardienne des libertés individuelles, le principe de continuité du service public, le droit à un logement décent, et encore, et ce n'est pas minime, la charte de l'environnement. En fait, et un peu contrairement à l'idée reçue, il y a là au total pour les avocats, entendons pour leurs clients, bon nombre de possibilités de contestation. Est-ce à dire, pourtant, que beaucoup de nos lois recèlent des dispositions inconstitutionnelles ? L'on ne veut pas le croire pour les lois récentes, compte tenu de la vigilance du Conseil d'État et de celle du Conseil constitutionnel, lorsqu'il est saisi, et aussi, certainement de la sagesse des assemblées parlementaires. Des observateurs compétents ont évoqué le chiffre d'une, deux voire trois dizaines par an. L'avenir le dira. Restent les lois antérieures et quelques vieux codes, qui ne manqueront pas de passer au crible, et dont les dispositions pourraient bien être nettement plus giboyeuses.

B. L'UTILITÉ DE L'EXCEPTION SE MESURE AUSSI À SES EFFETS

L'effet *erga omnes,* l'abrogation, présente évidemment le plus grand intérêt pour notre système juridique, qui se trouvera débarrassé des dispositions déclarées inconstitutionnelles.

Ne surestimons tout de même pas l'avantage comparatif : la constatation par nos juridictions supérieures de la non conventionnalité, de la non-conformité aux traités d'une disposition législative la rend en réalité inapplicable ; et le Conseil de l'Europe, pour ne parler que de lui, est bien organisé pour faire en sorte que disparaissent de l'ordre juridique du pays concerné les dispositions que la Cour a déclarées inconventionnelles.

Il reste que l'abrogation produit quant à elle un effet immédiat, sous réserve des modalités que fixerait le Conseil constitutionnel, un effet direct, et général. De tels effets intéressent certains des clients de l'avocat : ceux qui sont porteurs d'intérêts collectifs, syndicats, associations, ou ceux qui peuvent faire l'objet de multiples applications de la disposition législative dont ils contestent la constitutionnalité, les clients institutionnels, banques, assurances. Pour ceux-là, la disparition de la loi présente le plus grand intérêt.

Mais les autres ? tous les autres ? Ils sont avant tout préoccupés de l'application qui leur est faite, à eux, de la disposition contestée et n'entendent pas se battre, pour la pureté des principes, au profit de ceux qui viendraient à se trouver dans une situation identique. Pour eux, le contrôle de constitutionnalité ne présentera d'avantage, quels que soient ses effets, que s'il leur permet d'atteindre un objectif inaccessible par d'autres voies. Cette constatation n'est pas sans influence sur ce que l'on pourra dire, à l'instant, de l'emploi de la nouvelle question préjudicielle de constitutionnalité. Justement, cet instrument, comment marche-t-il ?

II. LE FONCTIONNEMENT DE LA QUESTION DE CONSTITUTIONNALITÉ

On le sait, le moyen tiré de l'inconstitutionnalité de la loi pourra être soutenu devant toute juridiction relevant de la Cour de cassation et du Conseil d'État, ce qui recouvre pratiquement tout, et notamment beaucoup de juridictions ou de recours librement accessibles au justiciable dans chacun des deux ordres. Et aussi les procédures de référé, avec les conséquences que l'on peut entrevoir sur l'appréciation de la condition d'urgence et le principe suivant lequel le juge des référés est juge de l'évidence. Mais l'on se souviendra que l'arrêt de la Cour de cassation déclarant notre PMU non-conforme au Traité a été rendu en matière de référé... Le moyen pourra aussi être soulevé devant le Conseil d'État en premier et dernier ressort, et l'inconstitutionnalité pourrait bien ainsi devenir, pour attaquer un décret, un moyen tout aussi classique que la violation de la loi.

Ne se trouvent en définitive exclus que le Tribunal des Conflits, ou, ce qui a peut-être davantage encore de portée, la Cour de Justice de la République, les experts s'interrogeant gravement, à juste titre, sur le point de savoir si l'exception peut être invoquée devant le Conseil constitutionnel statuant en matière électorale. Laissons-leur ce débat.

Devant le juge administratif, l'exception, qui constitue un moyen de légalité interne, peut-être opposée pour autant et tout autant que les moyens de légalité interne peuvent l'être.

Devant les juridictions judiciaires, le moyen devrait être invoqué, s'il fallait suivre le régime applicable à l'exception d'illégalité, et pourquoi n'en serait-il pas ainsi ? *in limine litis.* Cette restriction d'importance pourra-t-elle être maintenue ? L'on a d'autant plus peine à le croire que la question peut être soulevée pour la première fois en appel.

Un système de double filtre, double barrage, a été institué, pour les cas où l'exception est présentée au juge du fond. Il y aura à cela un coût pour le justiciable qui voudra être présent à tous les stades de la procédure. Certes, il y aura bien la possibilité d'accorder le bénéfice de l'aide juridictionnelle, avec un supplément de celle-ci en cas de renvoi au Conseil constitutionnel ; les avocats peuvent bien prendre cela en charge, ce qui veut dire, largement, à leur charge, mais il y a tous les autres, exclus du bénéfice de l'aide en raison de leur niveau de ressources. Pour tous ceux-là, il faudra trouver des solutions, ce qui sera plus ou moins facile selon l'importance des flux.

On vous a décrit les conditions du filtre ; je ne m'arrête ici que sur ce qui me paraît poser des difficultés. Ce sont, en réalité, deux choses.

– La première est qu'en cas de changement de circonstances, il est possible de remettre en cause une conformité constatée par le Conseil constitutionnel dans le dispositif de sa décision lors du contrô*le a priori.* Il faudra bien sûr que l'on sache vite s'il s'agit des circonstances de fait autant que des circonstances de droit. Mais quoi qu'il en soit, je ne pense pas prendre un grand risque en indiquant que cette disposition, dont les intentions sont certes louables, sera très populaire, et peut-être cause d'encombrement. Sans doute gagnerait-elle à être précisée. Mais il va nous falloir y revenir dans un instant.

– La seconde difficulté est relative à la condition tenant au sérieux du moyen. La question est transmise par le juge du fond au Conseil d'État ou à la Cour de cassation à la condition de n'être pas dépourvue de sérieux. Critère unique, simple et, du reste, assez large, en retrait par rapport au caractère sérieux requis des autres questions préjudicielles.

Les choses se compliquent devant la Cour de cassation et le Conseil d'État. Il faut, dit la loi organique que la disposition contestée **soulève une question nouvelle ou présente une difficulté sérieuse.** L'on comprend bien que par l'ajout de la condition de nouveauté, l'on cherche à éviter un tarissement des renvois par un recours des hautes juridictions à une sorte de notion d'acte clair, qu'elles connaissent bien. Mais faut-il vraiment que le Conseil d'État ou la Cour de cassation renvoient une question dont la solution, évidemment négative, ne présente pas de réelle difficulté, dès lors qu'elle est nouvelle ?

Voilà, en terme de délai de procédure, une bonne prime pour le défendeur imaginatif. Encore faudra-t-il définir la nouveauté : toute invocation nouvelle d'une règle constitutionnelle particulière à l'encontre d'une disposition déterminée soulève-t-elle une question nouvelle ? Si oui, à peu près toutes les questions bien posées seront nouvelles. Ou bien ne seront nouvelles que les applications d'une règle constitutionnelle à un genre de situation déterminé, ce qui restreindrait sensiblement la portée de l'obligation de renvoi. Et le changement de circonstances, comment dire qu'il ne répondrait pas à la condition de nouveauté… Il permettrait donc, pourvu que la question ait été estimée non dépourvue de sérieux par un juge de fond, de revenir commodément contester devant le Conseil constitutionnel ce qu'il a décidé dans le cadre de son contrôle *a priori*. La difficulté se corserait si les solutions devaient être différentes selon les ordres de juridictions, mais là comme ailleurs le dialogue des juges sera indispensable.

Bref, le processus de renvoi qui a été mis en place comporte un certain nombre d'incertitudes, qui risquent au moins dans un premier temps d'être sources de malentendus, donc de fausses manœuvres et d'encombrement. La pratique les lèvera, à moins que ces difficultés ne soient réglées par le législateur organique. Une fois que l'on sait comment fonctionne la question préjudicielle, il faut encore savoir comment s'en servir.

III. L'USAGE DE LA QUESTION DE CONSTITUTIONNALITÉ

Dans la mesure où plusieurs instruments sont susceptibles d'aboutir au même résultat, en l'occurrence que l'application de la loi soit écartée, vont se poser des questions de stratégie judiciaire.

La loi organique prévoit en effet que la question de constitutionnalité est **préalable** par rapport à la question de conventionnalité. D'autres que moi sont bien plus qualifiés pour dire si cet ordre de préséance est ou non compatible avec nos engagements internationaux. Je tiendrai donc cette conformité pour acquise. Autre règle fixée par la loi organique : le juge ne peut soulever d'office la question de constitutionnalité. D'autres considérations sont de nature à influer sur la stratégie : la nécessité d'invoquer *in limine litis,* en tout cas à ce jour et devant les juridictions judiciaires, la question de constitutionnalité, la règle de l'épuisement des voies de recours internes avant saisine de la Cour de Strasbourg…

Comment tout ceci peut-il s'organiser ?

Lorsque le justiciable souhaite obtenir l'abrogation de la loi, aucun problème : la question de constitutionnalité est soulevée, accompagnée ou non d'une question de conventionnalité. Si la première, examinée d'abord, échoue, il sera possible de relancer la seconde un peu plus de six mois plus tard. Mais l'objectif du justiciable est le plus souvent égoïste, et ce qu'il veut, c'est obtenir satisfaction pour lui-même, et le plus vite possible. Dans tous les cas, et on a vu qu'il s'agissait de la majorité des cas, où la convention internationale comporte l'équivalent de la disposition constitutionnelle, il préférera sans doute s'éviter le délai de six mois et inviter le juge à statuer dès que possible sur la question de conventionnalité. Il lui restera de toute façon, en cas d'échec, la possibilité d'invoquer pour la première fois l'inconstitutionnalité au soutien de son appel. Il est vrai, tout de même, que, même en cas de succès en première instance de la question de conventionnalité, la solution ne sera définitivement acquise qu'après rejet de l'appel et de l'éventuel pourvoi en cassation, alors que la question de constitutionnalité n'aurait mis que six mois pour devenir définitive.

L'on peut cependant penser que, la prudence n'étant pas la vertu la mieux partagée, nombre de justiciables seront tentés par la solution en apparence la plus rapide à obtenir : l'invocation de la seule question de conventionnalité. La règle de priorité instituée par la loi organique se retournerait ainsi contre ses propres objectifs. Cette règle paraît pourtant bien assise au regard de considérations juridiques très fortes, au premier rang desquelles la supériorité de la Constitution dans l'ordre interne. Sauf à risquer de lui laisser perdre beaucoup de son effectivité, peut-être y aurait-il lieu d'en aménager le fonctionnement.

La voie constitutionnelle a été retenue, le moyen invoqué a été jugé sérieux ou nouveau, la question est renvoyée au Conseil constitutionnel. La loi organique nous indique que les parties sont mises à même de présenter leurs observations. Il y a donc des parties, mais quelles sont elles : contre qui se servir de la question de constitutionnalité ?

IV. LA DÉFENSE DE LA CONSTITUTIONNALITÉ

Le justiciable qui a posé la question préjudicielle avait un adversaire, demandeur ou défendeur à l'instance, en tout cas défendeur à la question.

En voici un second, le défenseur de la constitutionnalité devant le Conseil constitutionnel ?

Un second, mais peut-être le seul. L'aventure est bien longue, et coûteuse pour ce qui n'est encore qu'un simple incident dans l'instance, et puis on n'a pas forcément le goût ou la capacité des débats constitutionnels. L'on peut croire que la partie défenderesse à la question ne sera pas souvent présente devant le Conseil constitutionnel, et que ce sera d'ailleurs souvent la partie la plus faible. Sauf probablement la partie bénéficiaire de l'aide juridictionnelle qui sera ainsi mise à même de suivre son adversaire dans ses aventures parisiennes. L'absent sera la partie personne physique de revenu moyen, ce qui est le cas de la plupart de nos concitoyens, ou la petite personne morale, non bénéficiaire de l'aide juridictionnelle, la petite entreprise. Il est vrai que ses intérêts, dans le débat constitutionnel, seront défendus par celui qui défendra la constitutionnalité de la loi, mais le Conseil constitutionnel sera privé de l'éclairage circonstanciel, sinon factuel, que peut apporter la présence du défendeur à la question. Faut-il trouver une solution pour y remédier ? On peut le penser.

Quoi qu'il en soit, la loi aura, elle, son défenseur. La loi organique a beau inviter le président de la République, le Premier ministre et les présidents des assemblées, tous avisés de la question, à présenter leurs observations s'ils le souhaitent, Il y a fort à parier que, comme pour l'actuel contrôle *a priori,* le défenseur de la loi sera le Secrétaire général du gouvernement. Donc l'exécutif, mais de ce point de vue la situation n'est pas différente lorsque la loi doit être défendue à Strasbourg ou à Luxembourg.

Tout de même, l'avocat demandeur à la question ou la partie lorsqu'elle n'est pas représentée, va se trouver, rue Montpensier, dans une situation marquée par l'inégalité. Le Secrétaire général du gouvernement va en effet disposer d'éléments relatifs aux travaux préparatoires qui ne seront pas en possession de son adversaire, à commencer par l'avis du Conseil d'État.

Ces éléments, au minimum l'avis de la Haute Assemblée ne devraient-ils pas figurer dans un dossier qui serait communiqué à tous ? Le règlement intérieur que le Conseil constitutionnel va établir ne pourrait-il utilement le prévoir ?

Il reste singulier de charger un organe dépendant de l'exécutif de défendre la loi, plutôt qu'un organe dépendant du Parlement qui l'a débattue et votée, et ce le sera d'autant plus pour les propositions de loi théoriquement appelées à se développer : peut-être alors les auteurs de la loi se sentiront-ils plus concernés et viendront-ils devant le Conseil constitutionnel défendre leur texte.

Il n'y a pas, cependant, que les auteurs de la loi qui soient concernés par le débat constitutionnel : il y a, aussi, tous ceux auxquels elle profite et qui ont donc intérêt à ce que la question soit rejetée sous peine de voir leur situation modifiée et altérée par l'effet *erga omnes* de l'abrogation. Seront-ils admis, eux aussi, à présenter leurs observations sous la forme, par exemple, d'une intervention susceptible d'apporter au Conseil constitutionnel des éclairages différents ? On peut le souhaiter.

Ainsi, on le voit, les questions que suscite la détermination des personnes présentes devant le Conseil sont nombreuses et complexes : c'est qu'il y a lieu de tirer toutes les conséquences du renforcement de son caractère juridictionnel. Les avocats, en tout cas, comme devant toute autre juridiction, y apporteront, n'en doutons pas, leur contribution.

CHAPITRE 3
QUESTION PRÉJUDICIELLE DE CONSTITUTIONNALITÉ ET CONTRÔLE DE CONVENTIONNALITÉ

État des lieux de leurs liaisons (éventuellement dangereuses) dans le projet de loi organique relatif à l'application de l'article 61 § 1 de la Constitution

Laurence Burgorgue-Larsen
Professeur à l'École de droit de la Sorbonne
(Université Paris I, Panthéon-Sorbonne)
Directeur du Centre de Recherche sur l'Union européenne

Solon a fini par abdiquer. L'illustre sage grec – considéré comme un des inventeurs de la démocratie[1]– n'est pas en cause ici. Il est en réalité question d'un groupe de Hauts fonctionnaires qui, le 3 juin 1993, signaient dans les colonnes du *Monde*[2], sous le pseudonyme de Solon, un article qui louait la « sagesse du Sénat » qui avait écarté la réforme constitutionnelle sur la mal nommée « exception d'inconstitutionnalité »[3]. Si à l'époque Solon gagnait une bataille, cette victoire engendra le courroux de deux grands auteurs – Georges Vedel et François Luchaire – qui, avec une

1. Environ 640 av J.-C. – environ 558 av. J.-C.
2. Solon, « La sagesse du Sénat », *Le Monde*, 3 juin 1993.
3. Sur les questions terminologiques – qui ne doivent pas être négligées car elles ont d'évidentes implications substantielles – on se reportera au numéro spécial de la *Revue française de droit constitutionnel* paru en 1990 « L'exception d'inconstitutionnalité. Le projet de réforme de la saisine du Conseil constitutionnel » et plus particulièrement l'analyse de T.-S. Renoux, « L'exception, telle est la question », *RFDC* 1990, n° 4, p. 651-658.

plume acérée et des arguments ciselés, démontaient l'argumentaire de Solon[4].

Aujourd'hui, la bataille est définitivement gagnée par nombre de juristes éclairés[5] qui, très tôt, avaient considéré qu'il fallait renforcer la protection des droits en France par un mécanisme de contrôle *a posteriori*. Ce mécanisme a fini par voir le jour après les échecs de 1990 et 1993. L'essai fut donc transformé à la troisième tentative. On sait que les pronostics sur la réussite d'un tel mécanisme vont bon train, tant les questions techniques et stratégiques sont nombreuses. L'une d'entre elles, et non la moindre, concerne les liens, pour ne pas dire les liaisons, que la question préjudicielle de constitutionnalité entretient avec le contrôle de conventionnalité. Le projet de loi organique relatif à l'application de l'article 61 § 1 de la Constitution orchestre en effet la coexistence de deux grands modes de protection des droits[6]. Le *mode classique*, devenu aujourd'hui merveilleusement banal, celui du contrôle de conventionnalité qui a fait ses preuves en bouleversant les habitudes de tous les acteurs des procès – des requérants et de leurs avocats jusqu'aux juges – pour le *must d*e la protection. Le *mode nouveau* – qui sera peut-être novateur – qui hante les écrits doctrinaux et les discussions politiques depuis plus de vingt ans[7] : le contrôle incident de la constitutionnalité des lois au moyen de la technique

4. G. VEDEL, F. LUCHAIRE, « Réponse à Solon », *Le Monde*, 11 juin 1993.

5. Parmi eux, une place à part doit être faite à Bruno Genevois qui, en tant que secrétaire général du Conseil constitutionnel, joua un rôle majeur auprès de Robert Badinter pour donner une impulsion au projet de réforme constitutionnelle de 1990. Il suffit, pour prendre la mesure de cette influence, de se reporter à l'hommage de R. BADINTER dans « L'exception d'inconstitutionnalité », *Le dialogue des juges. Mélanges en l'honneur du Président Genevois,* Paris, Dalloz, 2009, p. 39-49.

6. *Projet de loi organique relatif à l'application de l'article 61 § 1 de la Constitution* présenté au nom de M. François Fillon par Mme Rachida Dati, garde des Sceaux, le 8 avril 2009 ; ci-après « Projet de loi organique ».

7. En réalité, Thierry Renoux nous apprend que, dès juillet 1958, une procédure équivalente à la question préjudicielle de constitutionnalité était proposée par Michel Aurillac à l'occasion d'une réunion du groupe de travail chargé d'élaborer un avant-projet de Constitution, v. « L'autorité judiciaire et l'écriture de la République », *L'Écriture de la Constitution de 1958 – Trentième anniversaire*, Paris, Economica, PUAM, 1992, p. 680. On pourrait également remonter à la IIIe République – v. M. VERPEAUX, « Le contrôle de la loi par la voie d'exception dans les propositions parlementaires sous la IIIe République », *RFDC* 1990-n°4, p. 687-698 – comme à l'époque révolutionnaire, v. D. ROUSSEAU, « La question préjudicielle de constitutionnalité : une belle question ? », *RDP* 2009-3. Je tiens à remercier Dominique Rousseau qui a eu l'amabilité de me transmettre son texte avant publication.

préjudicielle. Ce mécanisme fait irruption à un moment où le paysage judiciaire français avait trouvé une stabilité, avait réussi à instaurer un dialogue très constructif entre les différentes juridictions internes et européennes. La civilité juridictionnelle avait fini par prendre le pas sur les querelles de frontières comme d'autorité. Rêvée, attendue, souhaitée, promue par une somme importante de personnalités issues de tous les milieux – académiques, judiciaires, politiques – la question continue toutefois « d'intriguer, de déranger et de diviser »[8] pour reprendre la belle formule de Robert Kovar utilisée, en son temps, à l'endroit des directives[9].

Si la question préjudicielle de constitutionnalité fait débat – notamment quand on a en miroir la question du contrôle de conventionnalité – c'est qu'elle soulève deux grands types d'interrogations. La première concerne la similitude matérielle des catalogues de protection des droits (constitutionnel et conventionnel), tandis que la seconde, capitale, a trait à la bonne entente procédurale entre les juridictions. En parcourant la substance (des droits) comme la procédure (afférente la protection des droits) – en un mot, en partant de la **concordance matérielle** (I) pour arriver à la **concorde procédurale** (II) – il sera tenté d'évaluer les points d'achoppement, les problèmes, bref, les questions que suscite **la Question**. On va très vite se rendre compte que, derrière la substance et la procédure, des enjeux importants se tapissent, enjeux de suprématie d'un catalogue sur l'autre et enjeux de pouvoir des juridictions les unes sur les autres[10]. Sans considérer que ce sont essentiellement ces enjeux qui vont déterminer l'attitude des différents acteurs du procès – il ne s'agit pas de donner l'impression de surévaluer leur importance – il n'en reste pas moins qu'ils sont présents pour ne pas dire prégnants.

8. Pour quelques exemples de scepticisme critique, *v.* parmi d'autres, G. Alberton, « Peut-on encore dissocier l'exception d'inconstitutionnalité et exception d'inconventionnalité ? », *AJDA* 2008, p. 967 s. qui mentionnant la réforme, met en avant le défaut de l'anachronisme ; H. Roussillon, *Le Conseil constitutionnel*, Paris, Dalloz, (6e éd. actualisée par P. Esplugas), 2008, p. 101-117 qui parle même d'une réforme « dangereuse ».

9. R. Kovar, « Observations sur l'intensité normative des directives », *Liber amirocum Pierre Pescatore*, Nomos, 1987, p. 359.

10. V. Bernaud, « Article 61-1 », *La Constitution de la République française*, F. Luchaire, G. Conac, X. Prétot (dir.) Paris, Economica, 2009, 3e éd., p. 1462.

I. LA *CONCORDANCE MATÉRIELLE* DES CATALOGUES DE DROITS

La question préjudicielle ne vaut que pour les atteintes aux « droits et libertés que la Constitution garantit » conformément au libellé de l'article 61 § 1 de la Constitution repris à l'article 23 § 1 du projet de loi organique avec un léger changement de style[11]. En dépit des apparences, l'obscure clarté de la formule ne manquera pas de provoquer des remous interprétatifs.

L'examen de travaux préparatoires démontre à eux seuls que les mots, tous les mots – comme toujours – ont leur importance et qu'ils ont bien évidemment été au cœur des discussions. Alors que le rapport du Comité Balladur proposait qu'il soit fait mention aux « libertés et droits fondamentaux reconnus par la Constitution », la loi constitutionnelle a finalement retenu l'expression de « droits et libertés que la Constitution garantit ». Le rapporteur du projet de loi constitutionnelle à l'Assemblée – M. Warsmann[12] – expliqua un tel changement en avançant l'idée selon laquelle la proposition du Comité Balladur risquait de réveiller de vieilles querelles en laissant sous-entendre qu'il y avait des droits plus fondamentaux que d'autres[13]. Surtout, on sait qu'en France la controverse ne faiblit pas sur la dénaturation que l'importation d'Allemagne de la notion de « droits fondamentaux »[14] – dont les effets furent démultipliés sous l'influence conventionnelle et communautaire[15] – Nombre d'auteurs continuent de s'insurger contre l'irruption de la « fonda-

---

11. L'article 23 § 1 premier alinéa du projet de loi organique se lit ainsi : « Devant les juridictions relevant du Conseil d'État ou de la Cour de cassation, le moyen tiré de ce qu'une disposition législative porte atteinte aux *droits et libertés garantis par la Constitution* est, à peine d'irrecevabilité, présenté dans un écrit distinct et motivé. Un tel moyen peut être soulevé pour la première fois en cause d'appel. Il ne peut être relevé d'office. » (C'est nous qui soulignons).

12. Rapport fait au nom de la Commission des lois constitutionnelles, de la législation et de l'administration générale de la République sur le projet de loi constitutionnelle de modernisation des institutions de la Ve République par J.-L. WARSMANN (rapport n° 892).

13. V. BERNAUD, « Article 61-1 », *op.cit.,* p. 1455-1456.

14. P. WACHSMANN, « L'importation en France de la notion de droits fondamentaux », *RUDH* 2004, p. 40 s. ; du même auteur, « Les droits fondamentaux, sans le savoir ni le vouloir », *1958-2008. Cinquantième anniversaire de la Constitution française*, B. MATHIEU (dir.) Paris, Dalloz, 2008, p. 563-569.

15. L. BURGORGUE-LARSEN, « L'influence du droit européen sur les notions de liberté (s) publique (s) et de droit fondamental », *L'influence du droit européen sur les catégories juridiques du droit public français*, J.-B. AUBY (dir.), Paris, Dalloz, 2010.

mentalité » au détriment des libertés publiques[16]. Ce débat, important, trouvera-il un jour un épilogue ? Rien n'est moins sûr. Dans un tel contexte, on peut alors être tenté de considérer que la formule *in fine*, retenue par le constituant et reprise par le législateur organique, est meilleure. En réalité, le fait d'avoir opté pour une formule moins sujette à disputes doctrinales en tout genre ne fait que déplacer le problème. En effet, aucune liste précise et circonscrite des « droits et libertés que la Constitution garantit » n'existe. La tâche identificatrice – qui reviendra au juge – va être sans nul doute bien plus compliquée qu'il n'y paraît. Quelles sont en la matière les certitudes ? Elles ne sont guère nombreuses car l'examen de la volonté des constituants d'un côté et des analyses doctrinales de l'autre, brouille le paysage. Malgré l'aléa inhérent à l'analyse d'un simple **projet** de loi[17], on recense toutefois une **exclusion probable** (A) et une **exclusion affichée** (B).

A. L'EXCLUSION PROBABLE

Les constituants ont clairement voulu exclure du champ de la question préjudicielle tous les aspects formels à l'invitation du Comité Balladur. Celui-ci mentionnait que « ne seraient naturellement invocables que les normes constitutionnelles de fond ». Dans cette lignée, le rapporteur Warsmann a pu considérer qu'il n'était « pas question de juger d'une loi dans son aspect procédural ou au regard de la compétence de son auteur »[18].

La doctrine – celle qui eut l'occasion de se pencher sur la réforme constitutionnelle voire sur le projet de loi organique –

16. *Ad. ex.*, P. Wachsmann, *Libertés publiques*, Paris, Dalloz, 2005, 5e éd., 676 p. ; C.-A. Colliard, R. Letteron, *Libertés publiques*, Paris, Dalloz, 2005, 8e éd., 2005, 569 p. On lira avec intérêt les six pages de la préface rédigée par Jean-Claude Colliard qui prend le soin d'expliquer pourquoi, alors que la matière a subi de profondes transformations, Roseline Letteron a décidé de garder l'intitulé classique de libertés publiques tel qu'il avait été utilisé par son père, Claude-Albert Colliard, Voir également, C. Leclerq, *Libertés publiques*, Paris, Litec, 2003, 5e éd., 363 p.

17. Effectivement, l'analyse actuelle se base sur *le projet de loi organique* qui ne manquera pas d'être l'objet de modifications dans le cadre de la procédure législative. Il reste qu'il est particulièrement significatif de constater qu'un simple *projet de loi* est fait l'objet d'autant de colloques et d'écrits doctrinaux... Les enjeux pour la configuration juridictionnelle française sont assurément majeurs.

18. Rapport Warsmann (n° 892), *précité*.

prend cette exclusion pour acquise[19]. Certains le comprennent, d'autres le déplorent. Pour les premiers, les règles de procédure législative – si elles constituent des libertés pour le parlementaire (ainsi du droit d'amendement), ne sont pas invocables en tant que tel par le citoyen devant le juge ordinaire. Autrement dit, cette exclusion correspondrait, « à l'esprit de la procédure de question préjudicielle de constitutionnalité qui veut sanctionner la violation d'un droit constitutionnel substantiel »[20]. D'autres auteurs sont plus sévères. Et de déplorer une telle « limitation de l'invocabilité directe de la Constitution » qui a pour conséquence d'interdire « au justiciable de se faire l'arbitre indirect des relations entre les pouvoirs publics »[21]. Or, en ne permettant pas de présenter des moyens tirés de « l'inconstitutionnalité de la procédure législative ou de la méconnaissance de la répartition constitutionnelle des pouvoirs », la question de constitutionnalité « ne met pas toute la Constitution entre les mains des citoyens »[22]. Le paysage doctrinal hexagonal marque en réalité une profonde division quand on prend connaissance des analyses antérieures au lancement de la révision constitutionnelle de 2008 où les auteurs raisonnaient, en quelque sorte, *in abstracto*, avant que la réforme ne devienne une réalité tangible. Certains ne voyaient aucune objection de principe pour intégrer les règles relevant du droit constitutionnel institutionnel [23] ; d'autres à l'inverse n'entrevoyaient comme admissible la seule présentation des moyens tirés de la violation de droits et libertés substantiels[24].

---

19. Cela ne fait par exemple aucun doute pour B. MATHIEU, « Question préjudicielle de constitutionnalité. À propos du projet de loi organique », *JCP* G, n° 18, 29 avril 2009, p. 4. Il faut dire qu'ayant fait partie du « Comité Balladur » qui proposait une telle exclusion, l'affirmation dénuée d'état d'âme se comprend. Et d'affirmer : « En revanche, les règles de procédure ou de compétences, alors même qu'elles peuvent constituer des garanties démocratiques, devraient être insusceptibles d'être invoquées dans le cadre du contrôle *a posteriori* ».
20. G. DRAGO, « Exception d'inconstitutionnalité – Prolégomènes d'une pratique contentieuse », *JCP* G, n° 49, décembre 2008, I 217.
21. P. CASSIA, « Le renvoi préjudiciel en appréciation de constitutionnalité, une question d'actualité », *RFDA* 2008, p. 877 s.
22. *Ibid.*
23. F. MÉLIN-SOUCRAMANIEN, « Du déni de justice constitutionnelle en droit public français », *Mélanges en hommage à Louis Favoreu*, Paris, Dalloz, 2007, p. 285 ; B. DE LAMY, « L'exception d'inconstitutionnalité : une vieille idée neuve », *L'application de la Constitution par les Cours suprêmes,* G. DRAGO (dir.), Paris, Dalloz, 2007, p. 139.
24. D. DE BÉCHILLON, « Plaidoyer pour l'attribution aux juges ordinaires du pouvoir de contrôler la constitutionnalité des lois et la transformation du Conseil constitutionnel », *Mélanges en hommage à Louis Favoreu*, Paris, Dalloz, 2007, p. 111.

Pour l'heure, la loi organique ne souffle mot de la question. Si le projet reste silencieux sur ce point, il reviendra alors à la jurisprudence de donner une réponse définitive sur cette *exclusion*, proposée par le rapport du Comité Balladur, soutenue par le rapporteur Warsmann, tout en étant controversée en doctrine. Il serait bon que les juges qui auront à déterminer le champ d'application matérielle de la question de constitutionnalité réfléchissent à deux fois avant d'exclure *in toto* les aspects formels. Si l'attention des politiques – comme d'ailleurs celle de bon nombre d'universitaires – s'est focalisée sur la nécessité d'éradiquer de l'ordre constitutionnel des lois anciennes qui ne remplissent pas les canons de la constitutionnalité contemporaine, il ne faudrait pas qu'ils omettent, sur ce point précis, un autre argument qui est par ailleurs systématiquement avancé ; faire en sorte que le citoyen saisisse à bras-le-corps, la constitution, toute la constitution, rien que la constitution. Si le citoyen est effectivement le destinataire premier de la réforme, s'il doit se réapproprier le texte constitutionnel, alors il n'y a aucune raison pour qu'on lui ampute une part importante de la Charte constitutionnelle. Outre cette raison de type symbolique, deux autres remarques peuvent être formulées qui militent pour une liberté d'appréciation que le juge devrait se reconnaître. Une remarque d'ordre pratique et une autre d'ordre plus tactique.

Le distinguo droit constitutionnel institutionnel/droit constitutionnel substantiel peut tout d'abord se révéler théorique et apparaître, dans la pratique, comme particulièrement artificiel. Normalement, selon les travaux préparatoires de la loi constitutionnelle de 2008, l'incompétence négative du législateur ne pourrait pas être soulevée. Toutefois, on peut s'interroger sur le point de savoir quelle serait l'attitude des juges si cette incompétence était en fait la manifestation de la méconnaissance d'un principe innervant certaines procédures – comme le très important principe de légalité des délits et des peines – ou d'un principe relié à la « préservation de l'environnement »[25]. L'enchevêtrement des

25. On sait que la Loi constitutionnelle relative à la Charte de l'environnement adoptée le 24 juin 2004 a inséré, après le 15e alinéa de l'article 34, un alinéa rédigé comme suit : « de la préservation de l'environnement ». L'incompétence négative du législateur a d'ailleurs été censurée par le Conseil constitutionnel dans sa très importante décision *OGM* du 19 juin 2008 (Cons. const., 19 juin 2008, n° 2008-564 DC, *JO* 26 juin 2008, p. 10228). En plus d'affirmer de façon solennelle que « *l'ensemble des droits et devoirs définis dans la Charte de l'environnement ont valeur constitutionnelle* » (consid. 18 et 49) – coupant court aux controverses doctrinales sur la nature des règles et principes figurant dans ce texte – le Conseil

règles relevant du fonctionnement des institutions avec celles relatives au droit substantiel est souvent avéré et ne doit pas être négligé. À ce stade, il n'est pas inopportun de rappeler que certains des États qui, en Europe, ont opté pour un mécanisme avoisinant (et non identique) de question préjudicielle de constitutionnalité, n'ont pas exclu les questions de type procédural. Il faut et il suffit qu'il y ait une suspicion d'une atteinte à la constitutionnalité d'une « loi ». On ne retrouve pas cette délimitation matérielle relative « aux droits et libertés ». Ainsi, du Tribunal Constitutionnel espagnol qui, sur la base de l'article 163 de la Constitution du 27 décembre 1978 et 35 de la loi organique sur le Tribunal constitutionnel (LOTC), est en mesure d'examiner les questions renvoyées par les juridictions ordinaires à propos d'un nombre particulièrement varié de textes. Il s'agit, dans l'ordre de l'énumération de l'article 27 § 2 de la LOTC, des statuts d'autonomie et des lois organiques, ordinaires, des décrets-lois et des décrets législatifs (qu'ils émanent de l'État ou des Communautés autonomes), des traités internationaux, des règlements des assemblées parlementaires (qu'il s'agisse des *Cortes generales* ou des assemblées législatives des Communautés autonomes)[26]. Le même décloisonnement vaut pour la Belgique[27].

Si d'aventure la loi organique restait muette sur la question et si la jurisprudence à venir confirmait l'exclusion d'un contrôle des questions procédurales, la France ne se priverait-elle pas d'un atout majeur pour valoriser, autrement dit pour rendre plus attractif, le maniement de la question préjudicielle de constitutionnalité ? La

---

accueille le moyen tiré de ce qu'en renvoyant à un décret en Conseil d'État pour fixer la liste de certaines informations sur les cultures d'OGM, le législateur n'a pas exercé une compétence que l'article 7 de la Charte lui confiait (consid. 52). v. O. DORD, « La loi OGM devant le Conseil constitutionnel ou la dissémination de la jurisprudence AC », *AJDA* 2008, p. 1614.

26. P. PÉREZ TREMPS, « El Tribunal Constitucional (II). Procedimientos », *Derecho constitucional. Vol. II Los poderes del Estado. La organización territorial del Estado*, L. LÓPEZ GUERRA, E. ESPÍN, J. G. MORILLO, P. PÉREZ TREMPS, M. SATRÚSTEGUI (dir.), Valencia, Tirant Lo Blanch, 2007 (7e ed.), p. 257-294, spec. 257-271. Pour un aperçu en français, v. P. BON, « L'exception d'inconstitutionnalité en Espagne (question de constitutionnalité) », *RFDC* 1990, n° 4, p. 679-687 ; M. CARILLO, « La place du juge ordinaire », *Trente ans d'application de la Constitution espagnole,* P. BON (dir.) Paris, Dalloz, 2009, p. 159-189.

27. Ainsi, la Cour constitutionnelle belge contrôle les normes ayant force de loi au regard de certains droits garantis par le titre II de la Constitution (art. 8 à 32), ainsi que des articles 170 (égalité en matière fiscale), 172 (égalité en matière fiscale) et 191 (protection des étrangers), mais également des règles qui déterminent les compétences respectives de l'État, des communautés et des régions.

remarque relève ici clairement de la stratégie juridictionnelle, mais elle n'en est pas moins importante à poser. En effet, en excluant le droit constitutionnel procédural, c'est le catalogue constitutionnel des droits substantiels qui est *ipso facto* valorisé. Outre le fait que ce catalogue n'est pas aisé à circonscrire avec une exactitude implacable, on sait dans le même temps qu'il est en réalité particulièrement *proche* du catalogue conventionnel. Autrement dit, l'exclusion *probable* – à tout le moins désirée par les constituants – des questions procédurales ne font que mettre en exergue et rendre encore plus épineux le problème de l'articulation entre les catalogues constitutionnel et conventionnel des droits. Ceci peut sembler paradoxal, car s'il est bien une exclusion affichée du jeu de la question préjudicielle, c'est le catalogue conventionnel des droits. On va voir cependant que le paradoxe n'est qu'apparent.

B. L'EXCLUSION *AFFICHÉE*

On se rappelle de la formule percutante de Robert Badinter dans les *Mélanges Ryssdal* selon laquelle les justiciables français étaient, de façon tout à fait paradoxale, traités en « mineurs » constitutionnels alors qu'ils étaient par ailleurs des « majeurs » conventionnels[28]. C'est pour rectifier notamment cet état de chose que la question préjudicielle de constitutionnalité a fini par voir le jour, après un long cheminement qui fut tout sauf tranquille. Cela est rappelé clairement par tous les acteurs qui ont participé à cette lente éclosion. Le garde des Sceaux le rappelait encore très clairement au moment de la présentation du projet de loi organique à l'Assemblée[29]. Autrement dit, *exit* du mécanisme préjudiciel de

28. R. Badinter, « La Convention européenne des droits de l'homme et le Conseil constitutionnel », *Protection des droits de l'homme : la perspective européenne/ Protecting human rights : the european perspective, Mélanges à la mémoire de Rolv Ryssdal*, P. Mahoney (dir.), Carl Heymanns Verlag KG, 2000, pp. 79-85, spec., p. 84.

29. XIIIe législature, Questions au gouvernement, 8 avril 2009. Réponse de Rachida Dati à une question posée par Mme Anne Grommerch députée de la Moselle pour le Groupe de l'Union pour un mouvement populaire. À la demande de présentation de la philosophie générale du projet de loi organique, le garde des Sceaux a répondu ce qui suit : « *Ce texte représente une avancée majeure dans le respect des libertés puisqu'il accorde aux Français, en particulier aux justiciables, un nouveau droit fondamental ; il ne s'agit pas, en effet, d'une simple procédure mais d'un bouleversement réel. Désormais, tout justiciable pourra invoquer devant toutes les juridictions une éventuelle violation de la Constitution pour mieux défendre ses droits. Jusqu'à présent, ce n'était pas possible alors même que le justiciable pouvait invoquer devant les tribunaux la Convention européenne des droits*

constitutionnalité les droits issus des différents traités internationaux relatifs aux droits de l'homme et plus particulièrement, évidemment, la Convention de sauvegarde des droits et libertés fondamentales[30]. Cette exclusion affichée des droits issus de l'ordre conventionnel impose de tenter de répondre successivement à deux interrogations. Est-il possible tout d'abord d'identifier clairement les fameux « droits et libertés que la Constitution garantit » ? Ensuite, quel est le niveau exact de concordance entre ces droits et ceux établis par la Convention européenne ?

À la première interrogation, là encore les travaux préparatoires de la loi constitutionnelle, relayés par certains auteurs[31], mettent en avant que tous les droits et libertés inclus dans le fameux « bloc de constitutionnalité » sont invocables par la voie de la question préjudicielle. Ceux inscrits dans le texte constitutionnel *in se*[32] ; ceux insérés dans les textes auxquels renvoient le Préambule de 1958 – la Déclaration de 1789, le Préambule de 1946, les principes fondamentaux reconnus par les lois de la République et *last but not least* la Charte de l'environnement de 2004[33] – dont on sait qu'ils constituent la source de référence primordiale pour l'identification des droits et libertés constitutionnels. Il faudrait y ajouter également – à tout le moins pour une grande majorité d'auteurs[34] – les « principes » et « objectifs de valeur constitutionnelle »[35].

---

de l'homme. Nous avons souhaité que la Constitution, qui contient tous les principes et tous les droits fondamentaux, puisse être invoquée devant nos juridictions. » Assemblée nationale, *JO*, p. 3495.

30. Ci-après la Convention européenne.

31. Ainsi de B. Mathieu et R. Drago dans les articles précités.

32. Ainsi de la parité (article 1) ; de l'expression pluraliste des opinions en matière politique (article 4) ; de l'autorité judiciaire gardienne de la liberté individuelle (article 66).

33. Parmi une littérature foisonnante, v. X. Bioy, « L'environnement, nouvel objet du droit constitutionnel ou qu'est-ce que "constitutionnaliser" ? », *Les nouveaux objets du droit constitutionnel*, H. Roussillon, X. Bioy, S. Mouton (dir.), Toulouse, Presses de l'Université des Sciences sociales de Toulouse, 2006, p. 25-58 ; Y. Jégouzo, « La genèse de la Charte constitutionnelle de l'environnement », *Rev. jur. env.*, n° spécial, 2003, p. 23 s. ; M. Prieur, « La constitutionnalisation du droit de l'environnement », *1958-2008. Cinquantième anniversaire de la Constitution française*, B. Mathieu (dir.) Paris, Dalloz, 2008, p. 489-503.

34. On signalera au passage que les représentants de l'École d'Aix ne les incluent pas dans le fameux bloc, v. L. Favoreu, P. Gaia, R. Ghevontian, J.-L. Mestre, O. Pfersmann, A. Roux, G. Scoffoni, *Droit constitutionnel*, Paris, Dalloz, 2008, 11e éd., p. 134.

35. B. Faure, « Les objectifs de valeur constitutionnelle : une nouvelle catégorie juridique », *RFD const.* 1995, n° 21, p. 47 s. ; A. Levade, « L'objectif de valeur constitutionnelle, vingt ans après. Réflexions sur une catégorie juridique introu-

Si le bloc de constitutionnalité – invention doctrinale, ne l'oublions pas[36] – est aujourd'hui aisément *grosso modo* identifiable, cela ne veut pas dire qu'il n'emporte guère d'interrogations sur le *sens* et la *portée* de certains de ces éléments, surtout quand on sait que les normes de référence du contrôle de constitutionnalité sont d'une variété inouïe[37]. Le cas des objectifs de valeur constitutionnelle est à cet égard symptomatique. Le fait qu'ils ne soient pas justiciables constitue-t-il *in se* un obstacle à leur mobilisation dans le cadre de la question préjudicielle [38]? De même, on sait que la liste des principes fondamentaux reconnus par les lois de la République varie selon les ordres de juridiction – le Conseil d'État dans ses formations consultatives et au contentieux ayant découvert des principes différents de ceux révélés par le Conseil constitutionnel[39] ; seront-ils invocables dans le cadre de la question préjudicielle ? Enfin, la rédaction retenue repose sur le présupposé selon lequel la distinction entre les éléments constitutionnels relatifs aux « droits et libertés » et ceux qui ne se rapportent pas à ces mêmes « droits et libertés » serait évidente ; or, il s'agit d'une « fausse évidence »[40]. En effet, certaines dispositions constitutionnelles se rapportent moins, à proprement parler, aux libertés et aux droits[41]

vable », *Mélanges en l'honneur de Pierre Pactet. L'esprit des institutions, l'équilibre des pouvoirs,* Paris, Dalloz, 2003, pp. 687-702.

36. Pour une excellente analyse sur le bloc, son invention, son contenu, son interprétation, on renvoie à l'étude de C. Denizeau, *Existe-t-il un bloc de constitutionnalité ?,* Paris, LGDJ, 1997, 152 p.

37. Voir à cet égard la thèse remarquable d'A. Roblot-Troizier, *Contrôle de constitutionnalité et normes visées par la Constitution française*, Paris, Dalloz, 2007, 688 p., préface de M. Verpeaux.

38. Michel Verpeaux rappelle à juste titre que, normalement, un « objectif » n'est pas un droit ou une liberté tout en reconnaissant dans le même temps que tout évolue. Ainsi, le passage de « l'objectif de la possibilité pour toute personne de disposer d'un logement décent » à un « droit à un logement décent » opposable le démontre (loi n° 2007-290 instituant le droit au logement opposable), v. « Question préjudicielle et renouveau constitutionnel », *AJDA* 2008, p. 1879.

39. On pense ici évidemment au fameux arrêt *Moussa Koné*, CE ass., 3 juillet 1996, *RFDA* 1996, p. 870 concl. J.-M. Delarue, notes de L. Favoreu, P. Gaia, H. Labayle v. pour une analyse d'ensemble, L. Burgorgue-Larsen, « La jurisprudence constitutionnelle est-elle concurrencée par la jurisprudence constitutionnelle des juridictions ordinaires et européennes ? », *Le Conseil constitutionnel en question (s),* D. Rousseau (dir.), Paris, L'Harmathan, 2004, p. 45-75.

40. L'expression est de P. Mbongo, « Droit au juge et prééminence du droit. Bréviaire processualiste de l'exception d'inconstitutionnalité », *D.* 2008, p. 2089.

41. Du moins, toujours selon P. Mbongo, « si l'on définit un droit ou une liberté comme il se doit : une prérogative reconnue par un ordre juridique (droit) ou une faculté de faire ou de ne pas faire (liberté), étant admis par ailleurs que si toute liberté est un droit, l'inverse est moins vrai. Armé de cette définition, l'on conçoit

qu'à des **garanties** fondamentales de ces mêmes droits et des libertés. Par ailleurs, certaines dispositions constitutionnelles – ainsi du principe de précaution ou encore de la parité entre hommes et femmes – sans contenir *in se* une liberté ou un droit, peuvent rejaillir sur le régime des droits et des libertés. Dans le même ordre d'idées, on peut se poser la question de savoir comment aborder le distinguo majeur entre libertés et « devoirs » désormais constitutionnalisés au cœur du Préambule *via* la Charte de l'environnement ou encore entre les libertés constitutionnelles – dégagées par le juge constitutionnel – et les libertés fondamentales identifiées par le juge administratif dans le cadre de la procédure de référé-liberté de l'article L. 521-2 du Code de justice administrative. On le voit les interrogations et les gageures sont légion. On prend la mesure – surtout si on se place du côté des justiciables et de leurs conseils – du défi qu'il y a, d'ores et déjà, à circonscrire avec précision et sans erreurs les fameux « droits et libertés que la Constitution garantit ». Quoi qu'il en soit, les stratégies contentieuses seront *in fine* validées ou non par le juge (à la fois ordinaire et constitutionnel). La tâche qui attend le juge est tout simplement cardinale. De façon prétorienne (et sans doute également, plus que jamais, de façon « pédagogique »), il lui reviendra de cerner précisément tant les contours que le contenu des « droits et libertés » constitutionnels, tâche éminemment stratégique qui ne manquera pas de reconfigurer la carte juridictionnelle en France.

Au-delà de cette entreprise d'identification des « droits et libertés » du bloc de constitutionnalité, on sait tous que **la** grande question concerne sa proximité avec le « bloc de conventionnalité » incarné essentiellement par les dispositions de la Convention européenne[42]. Sans aller jusqu'à considérer que l'identité matérielle entre les deux catalogues soit **totale** – au point que certains

aisément qu'il peut y avoir des libertés et des droits reconnus par des actes administratifs, qu'il peut y en avoir qui soient reconnus par des actes législatifs (l'avortement, le droit de réponse, etc.), qu'il peut encore y en avoir qui soient reconnus par des actes juridiques d'origine externe, qu'il peut enfin y en avoir qui soient reconnus par des actes ou des normes constitutionnels. Dans cette mesure, une "codification" des libertés et des droits constitutionnels n'a pour avantage hypothétique que de mettre de l'ordre dans les libertés et les droits constitutionnels sans pouvoir faire disparaître la production de libertés et de droits dans les strates infraconstitutionnelles de l'ordre juridique ».

42. La doctrine dès les années 1990 mettait déjà en avant la proximité des catalogues constitutionnel et conventionnel. *v.* D. Rousseau, F. Sudre (dir.), *Le Conseil constitutionnel et la Convention européenne des droits de l'homme*, Paris, STH,

auteurs ont proposé de les fusionner[43], il est toutefois avéré dans le même temps[44] que, non seulement les deux types de contrôle sont fondamentalement de même nature[45], mais aussi qu'ils ont la même portée notamment du fait que les normes de référence du contrôle de conventionnalité et du contrôle de constitutionnalité des lois sont les mêmes. Si pendant longtemps le Conseil constitutionnel et la Cour européenne des droits de l'homme se sont ignorés, on sait bien que cette phase d'indifférence a pris fin et a été remplacée par un « dialogue sans paroles » pour reprendre la formule expressive d'Olivier Dutheillet de Lamothe dans son article-hommage au Président Genevois[46]. Il n'est pas à ce stade illégitime de se demander si cette antienne sur la proximité matérielle des catalogues de protection pourrait être *légèrement* ou *sérieusement* relativisée, voire *désavouée*. Pour le savoir, posons une question. Quels sont les droits et libertés garantis par la Constitution qui ne trouvent pas aujourd'hui de doublon au sein de la Convention européenne ? En réalité, très peu. Certains auteurs ont avancé qu'une dizaine seraient véritablement spécifiques à l'ordre constitutionnel sous réserve des nouveautés apportées par la Charte de l'environnement qui pourrait accroître quelque peu le champ matériel de la spécificité[47]. Ainsi du principe fondamental reconnu par les lois de la République de l'indépendance des ensei-

---

1990 ; Le Conseil constitutionnel lui-même lors de la IXe Conférence des Cours constitutionnelles ne faisait pas mystère de l'inspiration conventionnelle, v. *RFDA* 1993, p. 864.

43. G. Alberton, « De l'indispensable intégration du bloc de conventionnalité au bloc de constitutionnalité ? », *RFDA* 2005, pp. 249-268 ; du même auteur, « Peut-on encore dissocier exception d'inconstitutionnalité et exception d'inconventionnalité ? », *AJDA* 2008, p. 967.

44. O. Dutheillet de Lamothe, « Contrôle de constitutionnalité et contrôle de conventionnalité », *Mélanges en l'honneur du Président Labetoulle*, Paris, Dalloz, 2007, p.315-327.

45. Ils utilisent très souvent les mêmes principes directeurs pour orchestrer le contrôle et arriver à concilier des droits en conflits. Ceci dit, cela n'implique pas *ne varietur* une équivalence du niveau des protection.

46. O. Dutheillet de Lamothe, « Conseil constitutionnel et Cour européenne des droits de l'homme », *Le dialogue des juges. Hommage au Président Genevois*, Paris, Dalloz, 2009, p. 403-417.

47. Il s'agit notamment de Pierre Cassia dans l'article précité. On ajoutera aussitôt que la jurisprudence européenne en matière d'environnement est loin d'être anodine. Utilisant notamment les ressorts des articles 2 et 8 de la Convention, on sait que la Cour de Strasbourg a développé une jurisprudence des plus intéressantes en ce domaine v. P. Tavernier, « Le droit de l'Homme à un environnement sain, le droit de propriété et les libertés économiques », *Annuaire international des droits de l'homme* 2006, vol. I, p. 219-237.

gnants-chercheurs ; du principe de libre administration des collectivités locales posé par l'article 72 de la Constitution ou encore de la règle de la consultation des populations locales avant toute cession échange ou adjonction de territoire posée à l'article 53 de la Constitution.

Si la **spécificité** constitutionnelle est mince, on peut toutefois continuer de raisonner en se demandant si, s'agissant des droits consacrés dans les deux systèmes, le contenu de certains « **droits et libertés constitutionnels** » ne serait pas plus large que ceux consacrés à l'échelle conventionnelle. Si la réponse est affirmative, cela redore évidemment le blason constitutionnel et l'intérêt d'activer la question préjudicielle de constitutionnalité. Bien que très peu nombreux, ces droits au contenu plus large existent. Autrement dit, la « plus-value constitutionnelle » n'est pas un leurre. Toutefois, elle est particulièrement fragile, c'est-à-dire potentiellement précaire, au sens de provisoire. L'exemple sans doute le plus connu, est celui du « droit au juge » pour reprendre la terminologie européenne. Consacré à l'article 6 § 1 de la Convention, on sait que son champ d'application matérielle est limité à la contestation sur des « droits et obligations à caractère civil » et à des « accusations en matière pénale ». Ici, la protection offerte par le texte conventionnel est *a priori* en-deça du texte constitutionnel dont on sait que l'article 16 de la Déclaration des droits de l'homme et du citoyen ne comporte pas de limitation matérielle. On pense donc ici qu'il y a un intérêt évident contentieux à activer la question de constitutionnalité plutôt que le contrôle de conventionnalité dans l'hypothèse d'une disposition législative qui violerait ce droit. Or, c'est sous-estimer un élément majeur qui caractérise aujourd'hui le mode de protection des droits en Europe : l'évolutivité incessante de la jurisprudence européenne. La Cour européenne est entrée depuis quelques années dans une ère marquée par le cosmopolitisme de ses sources de référence afin de garantir une interprétation *pro homine* de la Convention[48]. Elle ne prête pas attention à la

48. La doctrine n'a pas manqué de relever cette tendance de fond. Ainsi, Jean-François Flauss et Gérard Cohen-Jonathan, dans leur chronique sur la « Cour européenne des droits de l'homme et droit international général » à l'*Annuaire français de droit international*, constatent dès 2001 ce mouvement de fond et le mettent depuis en exergue à chaque chronique. De son côté, Frédéric Sudre opère une conceptualisation de ce qu'il nomme la « globalisation des sources » autour de trois idées : leur diversité, leur combinaison et leur interprétation finaliste, v. F. SUDRE, « L'interprétation constructive de la liberté syndicale au sens de l'article 11 de la Convention EDH. Note sous l'arrêt *Demir et Bakayra* », *JCP* G, n° 5,

valeur juridique des instruments internationaux (*soft*[49] ou *hard*) qu'elle utilise et par voie de conséquence à leur ratification ou non par les États parties à la Convention de même qu'elle ne se préoccupe pas de leur rattachement au territoire européen. La même ouverture dénuée d'ethnocentrisme juridique caractérise l'utilisation de la jurisprudence et/ou de la « doctrine » des juridictions et autres organismes conventionnels. Qu'il s'agisse de certaines juridictions nationales[50] ou de juridictions internationales[51]; qu'il s'agisse d'organes conventionnels dont la « doctrine » est dotée d'une forte « autorité juridictionnelle »[52] – la Cour de Strasbourg entend ne pas rester à l'écart des évolutions qui « attestent, sur un aspect précis, une communauté de vue dans les sociétés modernes » pour reprendre le *dictum* du très important arrêt *Demir et Baykara*[53]. Cette démarche d'ouverture prend évidemment en compte ce qui se passe sur le continent européen, plus particulièrement dans le cadre du système intégré. Dit autrement, tant la jurisprudence de la Cour de justice des Communautés européennes que

---

28 janvier 2009. S'agissant de l'important arrêt *Demir et Baykara* et de la rationalisation de l'approche globale qu'il opère, Jean-François Flauss la trouve tout à la fois « fracassante et inquiétante », « Actualité de la Convention européenne des droits de l'homme (septembre 2008-février 2009) », *AJDA* 2009, p. 872 s.

49. P. Tavernier, « La Déclaration universelle des droits de l'homme dans la jurisprudence de la Cour européenne des droits de l'homme », *Les droits de l'homme au seuil du troisième millénaire. Mélanges en hommage à Pierre Lambert*, Bruxelles, Bruylant, 2000, p. 859-875.

50. Notamment les Cours suprêmes de pays tiers, v. J-F. Flauss, « La présence de la jurisprudence de la Cour Suprême des États-Unis dans le contentieux européen des droits de l'homme », *RTDH*, n° 62, p. 313-331.

51. Juridictions internationales flanquées d'une compétence universelle telle la Cour Internationale de Justice ou d'une compétence spécialisée à l'instar de la Cour interaméricaine des droits de l'homme.

52. Tel le Comité des droits de l'homme des Nations unies, v. E. Decaux, « Que manque-t-il aux quasi-juridictions internationales pour dire le droit ? », *Le dialogue des juges. Mélanges en l'honneur du Président Genevois*, Paris, Dalloz, 2009, p. 217-232.

53. CEDH, Gde Ch., 12 novembre 2008, *Demir et Baykara c. Turquie*, § 86. Cet arrêt est un arrêt majeur en ce qu'il expose, de façon très claire et pédagogique, la méthodologie de la Cour s'agissant de l'interprétation de la Convention à la lumière d'autres instruments internationaux (v. spec. § 60-86). Cette analyse est la réponse circonstanciée à l'argument du Gouvernement turc qui contestait le fait que l'on puisse lui opposer le contenu – auquel il n'avait pas souscrit – des articles 5 (droit syndical) et 6 (droit de négociation collective) de la Charte sociale européenne. Et de considérer que « *Une interprétation conférant une opposabilité par ricochet à ces dispositions serait plus grave encore là où, comme en l'espèce, l'absence dans la Convention d'une disposition prévoyant expressément le droit de conclure des conventions collectives est compensée par la prise en compte d'autres instruments auxquels l'État intéressé ne serait pas partie* » (§62).

les textes spécifiques au système d'intégration (règlement, directives mais aussi textes de *soft law* comme la Charte communautaire des droits sociaux fondamentaux de 1989 ou encore la Charte des droits fondamentaux de l'Union européenne) sont régulièrement pris en compte par la Cour européenne, au point parfois de s'en servir pour mettre en marche de fracassants changements de cap jurisprudentiel. Cette démarche participe à un phénomène de fertilisation croisée de l'interprétation des normes et alimente un dialogue entre les deux juges européens marqué, plus que jamais, par la concorde et non la discorde[54].

Dans un tel contexte, la plus value constitutionnelle risque vite d'être réduite à une peau de chagrin. Pour revenir à l'exemple du « droit au juge », on sait que la jurisprudence européenne se caractérise par la volonté de la Cour de réduire le champ des restrictions matérielles de l'article 6 § 1 de la Convention afin d'accroître la protection des justiciables et par la même occasion le champ de son contrôle. Or, dernièrement, la Cour de Strasbourg a encore modifié sa jurisprudence afin de soumettre encore plus et mieux au contrôle européen les contentieux afférents à la fonction publique. L'arrêt *Vilho Eskelinen* en est la démonstration flagrante[55]. Cette affaire est emblématique de l'évolutivité de la jurisprudence – qui peut réduire, voire un jour finir par anéantir – la plus value constitutionnelle. Huit ans à peine après avoir bouleversé les règles de l'applicabilité de l'article 6 § 1 au contentieux afférent à la fonction publique par l'arrêt *Pellegrin c. France*, voilà que la Cour procède à un revirement du revirement au nom de l'inefficacité du critère fonctionnel qui avait été le sien[56]. La même démonstration – encore plus édifiante – peut être faite à l'endroit

54. Sur tous ces éléments, on se permet de renvoyer à la « Chronique de jurisprudence européenne comparée », publiée depuis l'année 2000 à la *Revue du droit public* (plus particulièrement les années 2006 et 2007) qui fait le point chaque année sur ce dialogue horizontal entre les deux Cours européennes mais également sur celui qui se noue avec les Cours constitutionnelles des États membres.

55. CEDH, Gde Ch., 19 avril 2007, *Vilho Eskelinen et autres c. Finlande,* v. *JDI,* 2008, p. 784-787, note de C. DE LA HOUGUE ; *RFDA* 2007, p. 103, note G. GONZALEZ.

56. CEDH, 19 avril 2007, *Vilho Eskelinen et autres c. Finlande*, § 55 : « *Force est à la Cour de conclure que le critère fonctionnel, tel qu'appliqué en pratique, n'a pas simplifié l'examen de la question de l'applicabilité de l'article 6 aux procédures auxquelles un fonctionnaire est partie, et que, contrairement aux attentes, il n'a pas apporté en la matière plus de certitude* (voir, *mutatis mutandis, Perez c. France* [GC], n° 47287/99, § 55, CEDH 2004-I). ». Partant, la Cour propose une autre optique résumée ainsi par F. SUDRE : « La solution retenue par la Cour paraît donc devoir s'énoncer ainsi : toute personne – et donc tout fonctionnaire – a un

du principe *non bis in idem*. La Grande chambre de la Cour européenne des droits de l'homme dans un arrêt spectaculaire – *Sergueï Zolotoukhine*[57] – a retenu le sens dévolu au terme « *idem* » en s'appuyant sur la jurisprudence de la Cour de Luxembourg[58], ainsi que sur celle de la Cour de San José[59]. Le paragraphe 79 est à cet égard éloquent[60]. Ainsi, il faut désormais comprendre cette expression comme faisant référence « au même fait » et non aux mêmes « *infra*ctions », ce qui est, *in se*, beaucoup plus favorable aux individus[61]. Pour la petite histoire, on relèvera que l'Institut de formation des droits de l'homme du Barreau de Paris était intervenu à l'instance (sur la base des articles 36 § 2 de la Convention et 44 § 2 du règlement de la Cour) et avait plaidé en faveur du revirement arguant du caractère imprévisible de la jurisprudence européenne qui engendrait une insécurité juridique de mauvais aloi[62]. Il fut magistralement entendu. Dans ce contexte, est-ce que le considé-

droit d'accès à un tribunal offrant les garanties de l'article 6 sauf dérogation expressément prévue par le droit interne et validée par la CEDH », *JCP* G, 5 septembre 2007, n° 36, p. 29-32.

57. CEDH, Gde Ch., 10 févr. 2009, *Sergueï Zolotoukhine c. Russie.*

58. CEDH, Gde Ch., 10 févr. 2009, *Sergueï Zolotoukhine c. Russie,* § 35-38 de la partie « En fait ». La Cour cite plusieurs arrêts de la Cour de justice rendus en matière de concurrence, notamment CJCE, 18 juill. 2007, *Norma Kraaijenbrink*, C-367/05.

59. CEDH, Gde Ch., 10 févr. 2009, *Sergueï Zolotoukhine c. Russie,* § 39-40 de la partie « En fait ». La Cour cite notamment l'arrêt de la Cour IDH, 17 sept. 1997, *Loayza Tamayo c. Pérou*, Série C n° 33, § 66. On se permet de penser que cette affaire est annonciatrice d'un accroissement des références à la jurisprudence interaméricaine des droits de l'homme v. L. Burgorgue-Larsen, A. Úbeda de Torres, *Les Grandes décisions de la Cour interaméricaine des droits de l'homme*, Bruxelles, Bruylant, 2008, 994 p., préface de S. García Ramírez).

60. CEDH, Gde Ch., 10 févr. 2009, *Sergueï Zolotoukhine c. Russie,* § 79 : « La Cour de justice des Communautés européennes et la Cour interaméricaine des droits de l'homme ont attaché de l'importance à la différence entre la formule « mêmes faits » (« *same acts* » ou *« same cause »*), d'une part, et l'expression « [même] infraction » *(« same offence »),* d'autre part, lorsqu'elles ont décidé d'adopter l'approche fondée strictement sur l'identité des faits matériels et de ne pas retenir la qualification juridique de ces faits comme critère pertinent ».

61. La formule de la Cour est la suivante : CEDH, Gde Ch., 10 févr. 2009, *Sergueï Zolotoukhine c. Russie,* § 82 : « En conséquence, l'article 4 du Protocole n° 7 doit être compris comme interdisant de poursuivre ou de juger une personne pour une seconde « infraction » pour autant que celle-ci a pour origine des faits identiques ou des faits qui sont en substance les mêmes ».

62. CEDH, Gde Ch., 10 févr. 2009, *Sergueï Zolotoukhine c. Russie,* § 60 : « La partie intervenante critique la jurisprudence de la Cour en raison de son imprévisibilité et de l'insécurité juridique qu'elle engendre ; elle invite la Cour à adopter une approche plus cohérente. Le critère d'identification de l'« *idem* », fondé sur les « mêmes faits », serait non seulement une voie beaucoup plus sûre pour les indivi-

rant 20 de la décision du 19 novembre 2004 du Conseil constitutionnel tient toujours[63] ?

Ces quelques exemples n'ont vocation ni à nier l'existence d'une spécificité française au sein du bloc de constitutionnalité, encore moins à ignorer la possible plus-value constitutionnelle sur des droits et libertés équivalents. Ils ont simplement vocation à montrer que non seulement la spécificité est assez réduite, mais aussi que la « plus-value » peut parfaitement ne pas durer. Partant, l'intérêt stratégique de soulever le moyen tiré d'une inconstitutionnalité d'une disposition législative pour le justiciable s'en trouve remarquablement amoindri. Quand bien même on pourrait rétorquer que le « dialogue sans paroles » du Conseil avec la Cour de Strasbourg amènera un jour celui-ci à s'emparer du nouveau sens attribué à ce principe clé de procédure pénale – comme il le fait désormais pour bon nombre de droits[64] – on peut parier qu'il ne

---

dus que celui fondé sur l'identité juridique, mais serait de nature à renforcer la crédibilité de la jurisprudence de la Cour relative à un droit indérogeable qui ne devrait en rien relever de la marge nationale d'appréciation. »

63. L'évolutivité de la jurisprudence européenne peut avoir des conséquences tout à fait étonnantes. En effet, si on se rappelle le considérant 20 de la décision du Conseil constitutionnel du 19 novembre 2004 sur le *Traité établissant une Constitution pour l'Europe*, on sait que l'article 50 de la Charte DFUE – qui consacre le principe *non bis in idem* – a remporté un brevet de constitutionnalité. On rajoutera un brevet *in extremis* car c'est le renvoi aux explications de l'article 50 qui a notamment permis de le déclarer conforme à la Constitution sur ce point. Or, les explications de l'article 50 *in fine* se lisent ainsi : « *En ce qui concerne les situations visées par l'article 4 du protocole n° 7, à savoir l'application du principe à l'intérieur d'un même État membre, le droit garanti a le même sens et la même portée que le droit correspondant de la CEDH* »... Les chassés-croisés jurisprudentiels à l'échelle européenne sont plus que jamais à scruter à la loupe.

Enfin, si l'article II-110 (droit à ne pas être jugé ou puni pénalement deux fois pour une même infraction) ne « remet pas en cause les droits et libertés constitutionnellement garantis », c'est uniquement parce que les « explications » affirment que cette disposition « *concerne exclusivement le droit pénal et non les procédures administratives ou disciplinaires* » et qu'elles mentionnent la « *notion d'identité d'infractions, et non celle d'identité des faits* ». Du coup, est préservée « *la possibilité pour les juridictions françaises, dans le respect du principe de proportionnalité des peines, de réprimer les crimes et délits portant atteinte aux intérêts fondamentaux de la nation prévus au titre premier du livre IV du Code pénal, compte tenu des éléments constitutifs propres à ces infractions et des intérêts spécifiques en cause.* » (consid. 20)

64. Pour un exemple récent relatif au droit à un « procès équitable » qui démontre que le Conseil « européanise l'écriture » de l'article 16 de la Déclaration des droits sans souffler mot (bien sûr) de la Convention européenne, *v.* la décision du Conseil du 17 janvier 2008 (Cons. const., 17 juill. 2008, n° 2007-561 DC, *JO* 22 janv. 2008, p. 1131), v. D. Rousseau, P.-Y. Gahdoun, « Chronique de jurisprudence constitutionnelle 2008 », *RDP*, 2009-1, spec. p. 248.

sera pas forcément en mesure de la faire **rapidement** au regard des spécificités très particulières de sa saisine, à tout le moins dans le cadre du contrôle abstrait[65]; le facteur **temps** jouant ici en défaveur du Conseil constitutionnel[66]. Surtout, on retomberait sur le problème de l'équivalence des protections et de l'intérêt (pour le justiciable) d'opter pour la question préjudicielle plus longue et peut-être (la pratique le dira) plus coûteuse.

S'il est un autre point d'achoppement majeur des liaisons – qui devront rester paisibles et ne pas devenir dangereuses – entre la question de constitutionnalité et le contrôle de conventionnalité, c'est bien celle de la concorde procédurale entre les juridictions.

II. LA *CONCORDE PROCÉDURALE* ENTRE LES JURIDICTIONS

On sait que les membres du Comité Balladur étaient en désaccord sur les modalités pratiques du contrôle *a posteriori* et par voie de conséquence sur le choix d'une restructuration plus ou moins drastique de la justice constitutionnelle française[67]; ils ont préféré laisser au constituant le soin de trouver les bonnes et justes articulations procédurales. Sur la base d'une interprétation combinée de l'article 61 § 1 de la Constitution et des dispositions du projet de loi organique, les Cours suprêmes, sur un élément absolument capital, ont gagné un point : elles gardent le **contrôle** de la nouvelle procédure et évitent ce faisant d'être marginalisées[68]. Dans le même temps, elles en perdent sans doute un autre.

65. Cela devrait en principe toutefois considérablement changer avec le contrôle *a posteriori.*

66. Sur les temps de la saisine dans le cadre des contrôles abstrait et concret de constitutionnalité, v. P. Blachèr, « Les temps de la saisine du Conseil constitutionnel », *Le Conseil constitutionnel en question(s),* Paris, L'Harmattan, 2004, p. 95-115.

67. V. Bernaud, M. Fatin-Rouge Stefanini, « La réforme du contrôle de constitutionnalité une nouvelle fois en question ? Réflexions autour des articles 61 § 1 et 62 de la Constitution proposées par le Comité Balladur », *RFDC*, numéro hors-série 2008, p. 169-195 et les débats subséquents avec G. Drago, A. Levade et D. de Béchillon (p. 195-199) ; v. également D. Rousseau, « Chronique de jurisprudence constitutionnelle 2007 », *Revue de droit public* 2008-1, p. 318.

68. Lecture combinée des articles 23-2, 23-4 et 23-5 du projet de loi organique.

La priorité accordée au contrôle de constitutionnalité[69] les met *in fine* dans une position délicate. La concorde procédurale entre les juridictions va ce faisant dépendre d'un nombre assez important de questions techniques mais aussi d'éléments de sociologie judiciaire.

Si un état d'esprit loyal et coopératif, voire « pluraliste », se développe entre les divers acteurs judiciaires ; si **tous** conçoivent le nouveau mécanisme non pas en termes de concurrence de juridictions et de catalogues des droits, alors les choses pourront, après quelques ajustements inévitables, trouver un juste équilibre où la hiérarchie des normes laisse la place au réseau entre celles-ci, où la supériorité des unes sur les autres laisse la place à leur complémentarité. Cet d'état d'esprit existe aujourd'hui : il serait de bon aloi qu'il soit préservé une fois la question préjudicielle de constitutionnalité devenue effective[70].

Ceci étant dit, des questions importantes se posent. La première concerne le second mécanisme de filtrage mis en place au niveau de la Cour de Cassation et du Conseil d'État après que les juridictions ordinaires aient procédé à un premier examen de la recevabilité de la question qui les propulse au cœur de la mécanique du contrôle de constitutionnalité[71]. Ce mécanisme encadre la

69. Conformément au libellé du 4e alinéa de l'article 23-2 du projet de loi organique. Il se lit ainsi : « *La juridiction doit en tout état de cause, lorsqu'elle est saisie de moyens contestant, de façon analogue, la conformité de la disposition à la Constitution et aux engagements internationaux de la France, se prononcer en premier lieu sur la question de constitutionnalité, sous réserve, le cas échéant, des exigences résultant de l'article 88 § 1 de la Constitution* ».

70. Pour une promotion de cet état d'esprit, v. l'article de M. Guyomar, D. Simon, « La hiérarchie des normes en Europe », *Gaz. Pal. – Gazette européenne* 2009, n° 40, p. 11-15.

71. Dominique Rousseau – quand il fait référence au premier « filtre » des juridictions ordinaires – mentionne à juste titre que deux opérations au moins conduisent nécessairement les juges à procéder à un examen de la constitutionnalité de la loi : « Ainsi, pour décider si la question soulevée par le requérant n'a pas déjà reçu une réponse du Conseil par la voie *a priori*, les juges devront étudier la jurisprudence constitutionnelle, et, dans l'hypothèse d'une contestation portant sur une même disposition, comparer si les arguments des « requérants a posteriori » sont identiques à ceux qu'avaient développé les « requérants *a priori* », vérifier si une révision constitutionnelle n'a pas modifié la validité de la loi (...). Plus encore, pour décider si la contestation est manifestement fondée ou présente une difficulté sérieuse, les juges devront se livrer à une analyse de constitutionnalité car le filtre n'est rien d'autre que cette analyse ; en d'autres termes, les juges ne sont pas une simple boîte de transmission des questions mais une instance où se forge par le débat contradictoire un doute sur la constitutionnalité de la disposition législative litigieuse », *RDP* 2009-n°3.

destinée de la question préjudicielle. Quelle sera l'intensité de cet encadrement « suprême » (A) ? La seconde interrogation concerne évidemment la question de la priorité accordée à la question de constitutionnalité sur le contrôle de conventionnalité. Cette priorité – qui est censée remettre au cœur du système juridique français la Charte constitutionnelle – ne va-t-elle pas être le ferment de tensions que l'on pensait révolues (B) ?

A. LE SECOND *FILTRAGE* OU L'ENCADREMENT DE LA QUESTION PRÉJUDICIELLE

Le projet de loi organique précise les conditions qui permettent au moyen tiré de l'inconstitutionnalité d'une disposition législative de passer le cap, non seulement d'un premier contrôle des juridictions ordinaires (art. 23-2, al. 1, 2 et 3), mais aussi d'une seconde évaluation au niveau des deux juridictions suprêmes (art. 23-4)[72]. La France a ainsi opté pour un système flanqué de deux mécanismes de filtrage. Il va être intéressant à ce stade d'examiner si la formule envisagée s'écarte de façon importante de la lettre et de l'esprit des procédures équivalentes existants dans la majeure partie des pays européens.

Il ne faudrait pas croire que le contrôle de la question préjudicielle de constitutionnalité par l'existence d'une procédure de filtrage soit une nouvelle exception française. Le mythe de l'unicité du « modèle européen » a vécu et, en réalité, la diversité européenne en la matière est tout à faire remarquable[73]. Avant de présenter sommairement quelques éléments de droit comparé, encore faut-il s'entendre sur la notion de « filtre » ou de « filtrage »

72. Il convient de préciser ici que l'article 23-5 concerne l'hypothèse où le moyen soulevé l'est pour la première fois en cassation, à l'occasion d'une instance devant le Conseil d'État ou la Cour de Cassation. Il est évident que dans ce cas de figure, les juridictions suprêmes ne peuvent faire office de « second filtre ».

73. Pour un très beau panorama sur les formules originales existant de part le monde sur la manière de rendre la justice constitutionnelle, on se reportera avec profit à F. Fernández Segado, « La faillite de la bipolarité modèle américain-modèle européen en tant que critère analytique du contrôle de la constitutionnalité et la recherche d'une nouvelle typologique explicative », *Mélanges en l'honneur de Franck Moderne. Mouvement du droit public. Du droit administratif au droit constitutionnel. Du droit français aux autres droits*, Paris, Dalloz, 2004, p. 1077-1116. Pour une analyse exclusivement centrée sur les formules européennes, v. L. Aguiar de Luque, « Le contrôle de constitutionnalité des normes dans le modèle européen de justice constitutionnelle », *Mélanges en l'honneur de Dmitri Georges Lavroff. La Constitution et les valeurs*, Paris, Dalloz, 2005, p. 3-28.

que nous entendons ici comme synonymes. Dans le cadre d'une acception que l'on veut à dessein compréhensive, on peut considérer que, dès qu'une juridiction est contrainte par les textes de vérifier la présence de certains éléments avant de renvoyer ou de statuer sur la question préjudicielle, alors on peut considérer qu'il y a un « filtre ». Sur la base d'une telle approche, on va voir que la variété constitutionnelle est au rendez-vous. Il y a en réalité peu de pays qui n'instaurent pas, à un niveau juridictionnel ou un autre, une procédure qui revient à examiner le bien-fondé de la question préjudicielle afin, logiquement, d'éviter l'encombrement du prétoire constitutionnel comme d'écarter les moyens dilatoires. Partant, le filtre existe toujours, mais à des niveaux juridictionnels différents ce qui change l'allure des rapports entre les différents « acteurs » en présence. Certains pays ont opté pour la saisine directe des cours constitutionnelles par les juridictions ordinaires : le filtre peut alors exister soit de façon alternative au niveau de la juridiction ordinaire et constitutionnelle[74], soit à titre exclusif au niveau de la seule Cour constitutionnelle[75].

La pratique démontre une chose capitale : c'est la sociologie judiciaire propre à tel ou tel pays qui explique que les filtres sont, soit « mal vécus », soit détournés de leurs objectifs initiaux. En Allemagne, le second filtre instauré au niveau des juridictions suprêmes fut ainsi abandonné au regard des vives tensions qu'il générât[76], le reléguant au niveau de la Cour constitutionnelle elle-même[77]. En Belgique, le filtre qui était censé jouer au niveau des

74. Ainsi, en Italie, ce sont toutes les juridictions du fond qui peuvent saisir la Cour constitutionnelle après avoir pris soin de vérifier que la question satisfait deux exigences : la fameuse « *rilevanza* » pour le procès au fond et sa propre « *non manifesta infondatezza* » (v. J.-C. Escarras, « La saisine de la Cour constitutionnelle italienne par voie d'exception », *RFDC* 1990, p. 684-687). Ce premier filtrage pour être serré ; en réalité comme « l'incident de constitutionnalité » n'est pas le seul apanage des parties et que le moyen tiré de l'inconventionnalité peut être relevé d'office par le juge ordinaire, celui-ci renvoie aisément à la Cour constitutionnelle qui, elle, a mis en place un filtrage resserré v. T. Di Mano, « La question préjudicielle de constitutionnalité en Italie », *AIJC* 2007, spec.p.37.

75. C'est le cas de l'Espagne, v. P. Bon, « L'exception d'inconstitutionnalité en Espagne (question d'inconstitutionnalité) », *RFDC* 1990, pp. 679-683 ; du même auteur, « La question préjudicielle de constitutionnalité en Espagne », *AIJC* 2007, p. 34-35. Pour un aperçu de la pratique, v. M. Carillo, « La place du juge ordinaire », *op. cit.*, spec. p. 165 s.

76. Entre la Cour constitutionnelle fédérale et la Cour de justice fédérale, v. M. Fatin-Rouge Stefanini, « La question préjudicielle de constitutionnalité : étude du projet français au regard du droit comparé », *AIJC* 2007, p. 16.

77. R. Arnold, « La question préjudicielle de constitutionnalité en Allemagne », *AIJC* 2007, pp. 24-26.

seules juridictions ordinaires fut transféré au niveau des juridictions suprêmes qui s'arrogèrent *propio motu* un pouvoir d'encadrement, tandis que la Cour constitutionnelle mettait également en place un filtre non prévu (par les textes) et mal vécu (par les juges)[78]. Tous les travaux de la doctrine belge démontrent que des tensions se sont manifestées à deux niveaux. En aval tout d'abord, par ce qui fut qualifié d'ingérence de la Cour constitutionnelle dans le réexamen de la pertinence de la question posée ou encore dans la requalification de celle-ci[79]. Est-ce que le Conseil constitutionnel au regard tant des textes actuels que de sa vision de la question préjudicielle se permettrait ce gendre d'intrusions ? On ose y penser[80]. Les tensions se sont manifestées en amont ensuite. L'article 26 de la loi spéciale sur la Cour constitutionnelle prévoit deux grands types de situations, selon que le renvoi est demandé par les parties devant des juridictions qui ne statuent pas en dernier ressort ou à l'inverse devant celles qui statuent en dernier ressort[81]. S'agissant des secondes – au nombre desquelles la Cour de cassation belge – une seule circonstance permet de refuser le renvoi : lorsque l'action dont elles tiennent leur saisine n'est pas recevable « **pour**

78. On tient toutefois ici à signaler que s'agissant du contexte préjudiciel communautaire, l'attitude de la Cour constitutionnelle belge est, à tous égards, exemplaire. Des raisons à la fois historiques et juridiques expliquent cet état de fait. Pour un excellent éclairage, on renvoie à l'analyse de T. VANDAMME, « Prochain arrêt : la Belgique ! Explaining Recent Preliminary Reference of the Belgian Constitutional Court », *EuConst.* 4 2008, p. 127-148.

79. M. VERDUSSEN, « Le juge constitutionnel et le juge ordinaire : ingérence ou dialogue ? L'exemple de la Cour constitutionnelle de Belgique », *Le dialogue des juges, op. cit.,* p. 1079-1095.

80. Le système français tel qu'il se profile laisse présager qu'une telle solution serait *a priori* improbable : le second filtre l'en empêche comme la civilité retrouvée des rapports entre les juges…

81. Dans quatre circonstances, les juridictions ordinaires peuvent s'opposer au renvoi demandé par les parties. Il peut se dispenser d'un renvoi préjudiciel lorsque la Cour d'arbitrage « a déjà statué sur une question ou un recours ayant le même objet » (*clause de redondance*) ; lorsque le juge « estime que la réponse à la question préjudicielle n'est pas indispensable pour rendre sa décision (*clause de non-pertinence*) ; lorsque l'action dont il tient sa saisine n'est pas recevable pour des motifs de procédure « tirés de normes ne faisant pas elles-mêmes l'objet de la demande de question préjudicielle » (*clause d'irrecevabilité*) ; lorsque le juge considère que la règle législative qui fait l'objet de la question « ne viole manifestement pas » la ou les dispositions constitutionnelles concernées (*clause d'inconsistance*), ce qui implique qu'il doit y avoir dans l'esprit du juge ne fût-ce qu'un doute raisonnable quant à l'inconstitutionnalité de la règle, v. M. VERDUSSEN, « Les atouts et les limites du renvoi préjudiciel à la Cour d'arbitrage », *La saisine du juge constitutionnel. Aspects de droit comparé*, Bruxelles, Bruylant, 1998, p. 179.

des motifs de procédure tirés de normes ne faisant pas elles-mêmes l'objet de la demande de question préjudicielle ». Pour la doctrine belge, cette formule impose en réalité une obligation de renvoi pour les juridictions suprêmes. Or, la pratique s'éloigna du texte et les enseignements tirés du droit comparé sont édifiants. La Cour de cassation a fait de la résistance en refusant assez souvent de saisir la Cour constitutionnelle. Au-delà du désordre que cela a provoqué dans le paysage juridictionnel belge, cette attitude de rétention a amené les justiciables à saisir la Cour européenne des droits de l'homme pour se plaindre du refus de renvoi en arguant d'une violation de l'article 6 § 1 de la Convention. La célèbre affaire *Coëme* porta au grand jour judiciaire européen ces troubles juridictionnels[82].

Quelles leçons – forcément provisoires et partielles – peut-on néanmoins tirer de ces quelques exemples de droit comparé ? En premier lieu, la Cour européenne *a priori* ne s'immiscera guère dans la manière dont le Conseil d'État ou la Cour de cassation interpréteront leur rôle et leur obligation de renvoi. En effet, si l'affaire *Coëme,* met en exergue le réflexe judiciaire européen de la part des justiciables, elle est également une manifestation judicieuse de la subsidiarité du mécanisme et de la retenue de la Cour. Elle rappela en effet au paragraphe 114 de son arrêt que « la Convention ne garantit pas comme tel un droit à ce qu'une affaire soit renvoyée, à titre préjudiciel, par une juridiction nationale devant une autre instance nationale ou internationale (...). Le droit de saisir un tribunal par voie de question préjudicielle n'est pas absolu, même lorsqu'une législation réserve un domaine juridique à la seule appréciation d'un tribunal et prévoit pour les autres juridictions l'obligation de lui soumettre sans réserve toutes les questions qui s'y rapportent ». Elle applique depuis fort longtemps et logiquement la même doctrine au renvoi préjudiciel communautaire[83]. En même temps, elle a rappelé dans cette même affaire

82. CEDH, 11 juin 2000, *Coëme, Mazy, Stalport, Hermanus, Javeau c. Belgique*, v. L. Burgorgue-Larsen, « Chronique de jurisprudence européenne comparée », *RDP* 2001-4, p. 702-703. Parmi beaucoup de commentaires en Belgique, on renvoie à ceux de J-C. Sohier et de F. Tulkens, *Journ. proc.* 1996, n° 299, p. 25 et à l'article de R. Ergec, *RBDCons.* 1996, p. 439-447.

83. Com. EDH, 12 mai 1993, *Divagsa c. Espagne* (DR 74, p. 274-277) ; Com. EDH, 28 juin 1993, *Fritz et Nana c. France* (DR 75, p. 39) ; CEDH, DR, 23 mars 1999, *Desmots c. France* ; CEDH, DR, 7 sept. 2009, *Dotta c. Italie* ; CEDH, DR, 4 oct. 2001, *Nicolas Canela Santiago c. Espagne* ; CEDH, DR, 14 mars 2002, *Nikolaos Martakis c. Grèce.*

qu'« il n'est pas exclu que, dans certaines circonstances, le refus opposé par une juridiction nationale, appelée à se prononcer en dernière instance, puisse porter atteinte au principe de l'équité de la procédure, tel qu'énoncé à l'article 6 § 1 de la Convention, en particulier lorsqu'un tel refus apparaît comme entaché d'arbitraire » (§ 114, *in fine*). Jusqu'à présent, elle n'a jamais considéré un refus comme arbitraire et n'a donc jamais sanctionné un État pour défaut de renvoi. Il n'y a pas de raison pour que cela change[84]...

En second lieu, l'expérience belge démontre avec éclat que des tiraillements peuvent exister et ne manqueront certainement pas de l'être. Dans le même temps, si les tiraillements ont été à leur comble, c'est que l'on avait imposé une obligation de renvoi à une juridiction suprême[85]. Le parallèle avec l'obligation de renvoi de l'article 234-4 du TCE saute aux yeux. Inutile de revenir sur une histoire largement connue. Après *Schell-Berre*[86], il a fallu attendre *Cilfit*[87] pour qu'une marge de manœuvre soit octroyée aux juridictions suprêmes et que la théorie de l'acte clair soit reléguée au magasin des accessoires juridiques moribonds[88]. Or, si on raisonne *a contrario*, les juridictions suprêmes françaises avec le méca-

84. Il est intéressant de relever que dans d'autres affaires qui se sont soldées par des décisions d'irrecevabilité, la Cour n'a pas raisonné en ces termes. Ainsi, dans la décision d'irrecevabilité du 20 avril 1999, *Vidacar SA c. Espagne* où les sociétés requérantes se plaignaient du refus réitéré d'un juge du fond de saisir la Cour constitutionnelle d'une question d'inconstitutionnalité pour contester une loi qui imposait une majoration fiscale conjuguée au rejet de leur recours de protection des droits (recours d'*amparo*), la Cour a rejeté la requête comme incompatible *rationae materiae*. Elle estima que l'article 6 § 1 de la Convention n'était « pas applicable aux contestations ressortissant exclusivement au domaine du droit public et notamment aux procédures fiscales en tant que telles puisque celles-ci n'ont pas trait à des contestations sur des droits ou obligations de caractère civil » (§1).

85. La diffusion d'une culture constitutionnelle au sein des prétoires passera par deux éléments qui visent en réalité deux « acteurs » différents. Si avec raison la doctrine se focalise sur les relations juridictions suprêmes/Conseil constitutionnel afin d'évaluer l'attitude des premières à l'égard du second... il ne faudrait pas oublier également les relations juridictions ordinaires/juridictions suprêmes. À cet égard, le rejet d'un moyen tiré de l'inconstitutionnalité d'une disposition législative devrait se faire avec diplomatie afin de ne pas irriter les juridictions inférieures, mais également ne pas les décourager à jouer la « carte » constitutionnelle.

86. CE, 19 juin 1964, *Société des Pétrole Shell-Berre* (*RDP* 1964, p. 1034 ; *AJDA*, 1964, p. 468).

87. CJCE, 6 oct. 1982, *Cilfit,* aff. 283/81, *Rec.*, p. 3415.

88. Pour un aperçu particulièrement éclairant du « bon usage du renvoi préjudiciel » par le Conseil d'État et, d'une manière générale, de son approche du droit communautaire, v. B. Genevois, « L'application du droit communautaire par le Conseil d'État », *RFDA*, mars-avril 2009, n° 2, p. 201-213.

nisme préjudiciel de constitutionnalité bénéficient *déjà* d'une marge d'appréciation (art. 23-5, 2e al.). Elles disposent ce faisant dès maintenant d'une *certaine* liberté[89]. Elles ne seraient donc pas obligées de passer par une phase de résistance active qui se matérialiserait par une politique exacerbée de refus de renvoi. À ce stade des conjectures, on ne peut que s'en remettre *in fine* à la sagesse des juges qui devront trouver, avec sagacité et loyauté, un équilibre. Ce ne sera quand même point facile car, quand bien même les juridictions suprêmes sont mues par un esprit de coopération, encore faut-il qu'elles interprètent de la même manière leur rôle. Resurgissent alors ici le problème de la dualité de juridictions et toutes les conséquences qui y sont attachées en termes de cohérence jurisprudentielle.

On en vient au deuxième et dernier point, majeur en réalité. La priorité accordée au contrôle de constitutionnalité ne conduira-t-elle pas justement les juridictions suprêmes à interpréter aux mieux de leurs intérêts les conditions du renvoi afin de ne pas perdre la main dans leur office de protecteurs des libertés. Surtout, la priorité est-elle absolue ?

B. LA *PRIORITÉ* OU LA DISPARITION DE L'ENCADREMENT ?

Olivier Dutheillet de Lamothe était très clair, quand, à l'occasion d'une visite du Conseil constitutionnel à Madrid au début du mois d'avril 2009, il affirmait sans ambages qu'« il résulte des travaux préparatoires de la révision constitutionnelle de 2008 qu'en adoptant la question préjudicielle de constitutionnalité, le constituant a entendu rétablir une certaine priorité du contrôle de constitutionnalité sur le contrôle de conventionnalité. Il a en effet estimé qu'il n'est pas sain que le contrôle de conventionnalité, et donc les traités, prenne dans l'ordre interne plus de place que le contrôle de constitutionnalité[90]. » Le ton est donné : il faut rééquilibrer le champ constitutionnel qui a perdu trop de terrain par rapport au

---

89. Elles sont en effet dans une position stratégique teintée de liberté dans la mesure où elles peuvent examiner si une « question nouvelle » ou une « difficulté sérieuse » existe, deux conditions alternatives (dans l'état actuel du projet). Ce n'est que dans l'hypothèse où elles étaient vérifiées que l'obligation de renvoi se manifesterait…

90. O. Dutheillet de Lamothe, visite au Tribunal constitutionnel espagnol (2-4 avril 2009), texte disponible sur le site du Conseil (www.conseil-constitutionnel.fr).

champ conventionnel dans lequel les juridictions ordinaires se sont engouffrées avec, après quelques tergiversations du côté du Conseil d'État, une dextérité hors pair. L'alinéa 4 de l'article 23-2 du projet de loi organique entend, sous l'angle procédural, s'assurer de cette remise en selle du contrôle de constitutionnalité dans l'hypothèse où le juge du fond serait saisi de moyens contestant tout à la fois l'inconstitutionnalité et l'inconventionnalité d'une disposition législative[91]. Cette option étant clairement politique, il est difficile d'imaginer qu'elle disparaîtra une fois définitivement adoptée la loi organique, même si elle est rigide[92] et, ce faisant, sources de difficultés. Ce choix en faveur d'une priorité accordée au contrôle de constitutionnalité appelle plusieurs observations.

La première est de type processuel et prend en compte le point de vue des parties à l'instance.

À ce stade, ces dernières doivent bien saisir que le fait de soulever de façon concomitante les moyens tirés tant de l'inconventionnalité que de l'inconstitutionnalité d'une disposition législative oriente drastiquement leur requête. En agissant de la sorte, elles prennent le risque de voir le moyen tiré de l'inconstitutionnalité accepté ; autrement dit, si les juridictions suprêmes ne mettent en place un goulot d'étranglement au stade de leur filtrage, elles prennent le risque de voir aboutir la saisine du Conseil constitutionnel, bref elles prennent le risque d'un procès (légèrement) plus long[93] et (peut-être) plus coûteux. Autrement dit, comme le moyen

---

91. Cette priorité ne s'adresse, pour l'heure, qu'aux juridictions ordinaires qui ont en charge de *transmettre* la question de constitutionnalité aux juridictions suprêmes On ne retrouve point cet élément dans l'hypothèse où les juridictions suprêmes sont saisies en premier lieu ou dans l'hypothèse d'un rejet de la question par le juge du fond. Oubli involontaire ou omission délibérée ? Ce qui est sûr c'est que l'asymétrie saute aux yeux et que le paysage procédural pourrait s'en trouver modifier si la chose restait en l'état. De même, Bertrand Mathieu souligne que l'expression de « *moyens contestant de façon analogue* » n'est pas heureuse. S'agira-il de la présentation d'un moyen invoquant un droit et une liberté similaire, mais non équivalente ? Il considère pour sa part que « c'est au regard de la disposition invoquée qu'il convient de se placer et non au regard du moyen invoqué ».

92. Ce point fut souligné par Bruno Genevois à l'occasion du colloque du 15 mai 2009 à l'Assemblée nationale. Il regretta que le législateur n'ait pas laissé la liberté aux juges d'évaluer la pertinence, en fonction des particularités des cas d'espèce, de traiter soit de la constitutionnalité, soit de la conventionnalité des dispositions législatives.

93. Le projet de loi organique fixe des délais qui démontrent que veut être évité coûte que coûte un rallongement indu (et ce faisant contre-productif) des procédures. Sur la base d'une lecture combinée des articles 23-4 et 23-9, on découvre que les juridictions suprêmes ont trois mois pour se prononcer sur le renvoi, tandis que le Conseil constitutionnel a trois mois à compter de sa saisine pour statuer.

d'inconstitutionnalité n'est pas relevé d'office par le juge[94] – contrairement d'ailleurs à ce qui se passe dans beaucoup d'autres États européens – la stratégie contentieuse des justiciables devra particulièrement être bien réfléchie avec leurs conseils[95] car ils vont irrémédiablement l'orienter. Une fois ce choix initial effectué, les dés ne seront plus entre leurs mains, mais entre celles des juridictions ordinaires tout d'abord et des juridictions suprêmes ensuite. Autrement dit, soit les justiciables acceptent les contraintes inhérentes au contrôle *a posteriori* de constitutionnalité – durée plus longue du procès et ralentissement subséquent du règlement du litige – en considérant fondamentaux ses avantages à savoir, selon le second alinéa de l'article 62 de la Constitution[96], l'abrogation des dispositions déclarées contraires à la Constitution, c'est-à-dire l'effet *erga omnes* de la décision du Conseil constitutionnel. Soit, ils ne considèrent pas fondamental de participer au toilettage de l'ordre constitutionnel français, ne considèrent pas non plus essentiel pour eux de voir leur nom intégrer au sein du panthéon des Grandes décisions du Conseil constitutionnel et préfèrent que leur litige soit réglé rapidement et tout aussi efficacement (de leur point de vue), c'est-à-dire que soit écartée, dans le cadre de leur procès, la disposition litigieuse grâce au seul ressort du contrôle de conventionnalité. À ce stade, on peut considérer qu'une différenciation entre type de justiciables ne manquera pas de profiler à l'horizon de la pratique de la question préjudicielle. On imagine sans peine que des associations – de défense des consommateurs ou encore de défense de l'environnement – auront plus d'intérêts que de simples particuliers à obtenir une déclaration d'inconstitutionnalité qu'elles pourraient présenter (sans doute à grand renfort médiatique) comme une victoire tant du bien-fondé de leur cause que de la démocratie en général…

94. Conformément à l'article 23-1 du projet de loi organique.

95. D'où la nécessité de présenter « dans un écrit distinct et motivé » le moyen soulevé de l'inconstitutionnalité d'une disposition législative. Dans le but d'éviter les renvois dilatoires, cette disposition a le mérite également de mettre en exergue l'existence d'une stratégie réfléchie et argumentée.

96. Il se lit ainsi : « Une disposition déclarée inconstitutionnelle sur le fondement de l'article 61-1 est abrogée à compter de la publication de la décision du Conseil constitutionnel ou d'une date ultérieure fixée par cette décision. Le Conseil constitutionnel détermine les conditions et limites dans lesquelles les effets que la disposition a produits sont susceptibles d'être remis en cause », v. X. Prétot, « Nouvel Article 62 », *La Constitution de la République française*, F. Luchaire, G. Conac, X. Prétot (dir.) Paris, Economica, 2009, 3e éd., p. 1476-1481.

La seconde observation est de type stratégique et concerne plutôt le point de vue des juridictions en jeu dans le maniement de cette nouvelle voie de droit. Le point majeur ici concerne la disjonction effectuée entre les deux facettes du contrôle de conventionnalité, à savoir entre le droit communautaire d'un côté et le droit conventionnel de l'autre[97]. Autrement dit, la priorité accordée au contrôle de constitutionnalité souffre immédiatement une exception qui découle du statut d'État intégré de la France. Un mécanisme de priorité sur la priorité existe en faveur du droit communautaire. Le libellé de l'article 23-2, alinéa 4 *in fine* du projet de loi organique est parfaitement clair sur ce point : « sous réserve, le cas échéant, des exigences résultant de l'article 88 § 1 de la Constitution ». Le législateur organique a ainsi pris la mesure des enseignements tirés de la jurisprudence *Simmenthal* du 9 mars 1978 dont on sait qu'elle avait été rendue dans une affaire où était en cause la concurrence des renvois – renvoi préjudiciel de constitutionnalité et renvoi préjudiciel communautaire de l'autre[98]. Or, on sait qu'en cas de concurrence entre l'obligation de renvoi préjudiciel en matière constitutionnelle et celle de renvoi préjudiciel communautaire, le juge national doit privilégier la seconde : le point 22 de l'arrêt *Simmenthal* est dépourvu d'ambiguïtés à cet égard. L'idée de cette préséance réside dans le fait qu'il faut coûte que coûte assurer l'effectivité du droit communautaire, même de façon temporaire.

Dans un tel cas de figure, il n'est pas inintéressant d'imaginer les options qui se présenteraient à une juridiction ordinaire. On en a identifié quatre, ce qui n'épuise certainement pas à notre avis les cas de figure inédits que la pratique fera naître.

La première alternative consisterait à poser directement une question préjudicielle à la Cour de Luxembourg. On sait que les juridictions qui ne statuent pas en dernier ressort disposent, dans le

97. Comment s'articule cette **priorité constitutionnelle** avec le contrôle de conventionnalité ? La rédaction de l'avant dernier alinéa de l'article 23-2 montre bien que le moyen tiré de la constitutionnalité de loi ne fait pas disparaître celui tiré de la conventionnalité de celle-ci : « La juridiction… se prononce **en premier** sur la question de constitutionnalité ». Autrement dit, n'est pas éradiquée la question sous l'angle conventionnel qui arriverait *en second* mais de quelle manière concrètement ? On imagine qu'elle suivra le cours normal de la procédure devant les juridictions ordinaires ou devant les juridictions suprêmes. Cela voudrait-il dire qu'elles seraient à même d'écarter la loi avant que le Conseil *in fine* se prononce ?

98. CJCE, 9 mars 1978, *Administration des finances c. Simmenthal* (aff. 106/77, *Rec.*, p. 629).

cadre de l'article 234 TCE d'une simple **faculté** de renvoi. Or, dans la pratique, ce sont elles qui activent le plus aisément le renvoi préjudiciel communautaire : les statistiques à cet égard sont éloquentes[99].

La seconde option consisterait à ne pas renvoyer et à opérer directement le contrôle de conventionnalité en appliquant le droit communautaire et en écartant l'application de la loi litigieuse.
La troisième possibilité consisterait à transmettre les moyens tirés de l'inconventionnalité et de l'inconstitutionnalité aux juridictions suprêmes compétentes. Autrement dit, les juges du fond décideraient, devant l'importance et la complexité des enjeux en cause, de se « défausser » sur les juridictions suprêmes. Dans cette hypothèse, ces dernières auraient à leur tour au moins deux possibilités : soit elles mobilisent le renvoi préjudiciel communautaire conformément à la logique induite par l'article 234 TCE ; soit, elles décident de ne pas renvoyer, conformément à la marge d'appréciation qui leur a été reconnue depuis l'arrêt *Cilfit* et décident de régler elles-mêmes le problème en écartant directement l'application de la loi au cas d'espèce. Dans ces deux cas de figure, les juridictions suprêmes décident de mettre en œuvre le contrôle de conventionnalité et d'agir avant tout en juridictions communautaires de droit commun. Elles seront d'autant plus à même d'exercer ce contrôle si elles se trouvent confrontées à une loi de transposition d'une directive communautaire aux dispositions précises et inconditionnelles qui, *prima facie*, ne met pas en cause l'identité constitutionnelle de la France. En effet, on sait qu'il s'agit du seul cas de figure où le Conseil constitutionnel s'est octroyé une compétence de contrôle en la matière[100]. Or – et ceci est capital – il ne peut s'agir du seul cas de figure qui permette de déroger au caractère prioritaire du contrôle de constitutionnalité. Ce serait une lecture par trop très restrictive – enserrée dans les seules mailles de la nouvelle interprétation de l'article 88 § 1 de la Constitution déli-

---

99. CJCE, *Rapport annuel 2008*, Luxembourg, 2009. La France entre 1958 et 2008 disposent des statistiques suivantes : 755 renvois depuis 50 ans, dont 83 pour la Cour de Cassation, 42 pour le Conseil d'État et 630 pour les autres juridictions. Surtout, depuis la jurisprudence *Foto-Frost* de 1987 (CJCE, 22 octobre 1987, *Foto-Frost,* aff. 314/85), les juridictions ordinaires sont *obligées* de saisir la Cour de justice si d'aventure la validité d'une disposition communautaire est en cause.

100. Tel que cela résulte des décisions concernant la *loi pour l'égalité des chances* (Cons. const., n° 2006-535 DC du 30 mars 2006), la *loi relative au droit d'auteur et aux droits voisins dans la société de l'information* (Cons. const., DC n° 2006-540) et la *loi relative au secteur de l'énergie* (Cons. const., n° 2006-543 du 30 nov. 2006).

vrée par le Conseil constitutionnel[101]. À notre avis, l'article 88 § 1 ne peut être réduit à cette seule interprétation[102] ; il doit aussi être vu en harmonie avec les exigences générales qui découlent de l'article 234 TCE mais aussi – on les oublie un peu trop – des articles 68 TCE et 35 TUE[103]. Pour le dire encore différemment, la priorité sur la priorité devrait être activée, par les juges ordinaires comme suprêmes, à partir du moment où ils sont confrontés à n'importe quel type de disposition législative, y compris celle qui ne transpose pas une directive communautaire sous peine d'enfreindre le droit de l'Union européenne[104]. Il suffit d'imaginer quelques situations – loin d'être improbables – pour se rendre compte de l'absurde rigidité et de la manifeste violation des engagements communautaires d'une interprétation restrictive de la formule proposée par le législateur organique. Imaginons le cas de figure où le parlement français ne transpose pas dans les délais une

101. Pour une présentation de l'histoire de l'insertion de cette disposition au sein de la Constitution et son interprétation actuelle par le Conseil constitutionnel, v. J. Rideau, F. Picod, « Article 88 § 1 », *La Constitution de la République française*, F. Luchaire, G. Conac, X. Prétot (dir.) Paris, Economica, 2009, 3e éd., p. 1864-1916.

102. Ce serait tomber à nouveau dans une approche stato-centrée incompatible avec les exigences globales tirées de l'appartenance de la France à l'Union. Il est à cet égard très significatif que beaucoup de nouveaux États membres qui possèdent une procédure de question préjudicielle de constitutionnalité n'ont rien trouvé à redire à la priorité accordée au renvoi préjudiciel communautaire. Dans une décision du *21 février 2006*, c'est la Cour constitutionnelle tchèque elle-même qui considéra qu'il fallait interpréter le contrôle concret de constitutionnalité tel qu'établi à l'article 95 § 2 de la Constitution à la lumière du nouveau statut d'État intégré de la République tchèque depuis le 1er mai 2004. (Il se lit ainsi : « Si un tribunal arrive à la conclusion que la loi qui doit être appliquée à la solution de l'affaire est contraire à l'ordre constitutionnel, il transmet la question à la Cour constitutionnelle. » Et de rappeler à l'attention des juges du fond que s'ils pensent déceler une contrariété entre une loi nationale et le droit communautaire, c'est avec la Cour de justice et non elle-même qu'il convient de coopérer en activant le mécanisme du renvoi de l'article 234 TCE. : Cour constitutionnelle tchèque (*Ústavní soud*), 21 février 2006, n° PL ÚS 19/04, v. « Chronique de jurisprudence européenne comparée », *RDP* 2006-4, spec. p. 1123 s.

103. L'article 68 TCE qui concerne les très importantes questions des visas, de l'asile et de l'immigration ou encore celle de l'article 35 TUE qui concerne les affaires afférentes au IIIe pilier, c'est-à-dire aux non moins importantes questions de police et de justice.

104. Faut-il rappeler que l'Europe pénale est en marche ; que les décisions-cadres adoptées dans le IIIe pilier sont nombreuses, importantes, soulèvent souvent des questions complexes, qu'elles ont même engendré une modification du règlement de procédure de la CJCE du 15 janvier 2008 en instaurant une procédure préjudicielle d'urgence (reprise à l'article 267 du TFUE) quand est en cause une personne détenue est en cause ?

directive communautaire ; partant la disposition législative contestée dans le cadre du procès ne peut pas être la manifestation d'une transposition et, ce faisant, est probablement contraire au droit communautaire. Faudrait-il alors faire tomber la priorité accordée au droit communautaire sous prétexte que la situation ne cadre pas avec l'interprétation *actuelle* de l'article 88 § 1 délivrée par le Conseil constitutionnel ? De même, que faudrait-il faire si d'aventure c'est une loi de transposition d'une décision-cadre du IIIe pilier qui est en cause dans le litige[105] ? Faire tomber la priorité sous prétexte que c'est le droit de l'Union (IIIe pilier) et non le droit communautaire (Ie pilier) qui est en jeu ? Ces quelques exemples – dont le lecteur conviendra qu'il ne s'agit pas d'hypothèses juridiques aberrantes – poussent très fortement à proposer une autre formulation qui permettrait ainsi de prendre en compte tout type de situations dans lesquelles le droit communautaire comme le droit de l'Union seraient en cause. Nous la soumettons à la sagacité du lecteur : « *sous réserve, le cas échéant, des exigences résultant des engagements de la France issus du droit de l'Union européenne.* » Plus générale, elle permet de prendre en compte tous les types d'engagements qui résultent du statut d'État intégré de la France sans être conditionné par l'interprétation (forcément aléatoire) du juge constitutionnel.

La quatrième alternative pour la juridiction ordinaire consisterait à renvoyer simultanément au Conseil constitutionnel d'un côté et à la Cour de justice de l'autre, la question préjudicielle de constitutionnalité et la question préjudicielle communautaire. La saisine des cours ne serait point identique : indirecte pour l'une

---

105. Est-il besoin de rappeler que l'Europe pénale est en marche ? Il suffira pour en prendre la mesure de se reporter à J.-C. Bonichot, « L'Union européenne et le droit pénal : le vent du large », *Le dialogue des juges..., op. cit.*, p. 75-94. Signons simplement ici que les décisions-cadres adoptées dans le IIIe pilier sont nombreuses, importantes et soulèvent souvent des questions complexes. Autant d'éléments qui ont engendré une modification du règlement de procédure de la CJCE du 15 janvier 2008 afin d'instaurer une procédure préjudicielle d'urgence quand les droits d'une personne détenue sont en cause [procédure accélérée régie par les articles 23 *bis* du protocole sur le statut de la Cour de justice et l'article 104 *ter* du règlement de procédure, *JO* L. 24, du 29 janv. 2008, p. 39-43. C'est dans le cadre de cette nouvelle procédure que certaines dispositions de l'importante décision-cadre 2002/584/JAI portant création du mandat d'arrêt européen ont reçu leurs premières interprétations, v. CJCE, 17 juill. 2008, *Kozlowski*, aff. C-66/08, *Europe*, oct. 2008, comm. F. Kauff-Gazin, n° 308 ; CJCE, 12 août 2008, *Ignacio Pedro Santesban Goicoechea*, aff. C-396/08 PPU, *Europe*, oct. 2008, comm. F. Kauff-Gazin, n° 309 ; CJCE, 1er déc. 2008, *Artur Leymann*, C-388/08 PPU, *Europe*, févr. 2009 ; comm. F. Kauff-Gazin, n° 73.

(car devant passer par les juridictions suprêmes) ; directe pour la seconde, la saisine de la Cour de justice ne souffrant d'aucune entrave. Si d'aventure les juridictions suprêmes constataient la présence d'une « question nouvelle » ou d'une « difficulté sérieuse » (art. 23-5, 2e al. du projet de loi organique) et qu'elles renvoyaient, on se retrouverait dans une situation où deux juridictions seraient en mesure, pour une même disposition législative, d'évaluer sa conformité au droit communautaire ou de l'Union européenne d'un côté et sa conformité à la Constitution de l'autre. Si ce double renvoi n'est pas techniquement exclu, il présenterait tout à la fois des difficultés pratiques et des embûches juridico-politiques de premier plan. Imaginons le cas de figure où le Conseil – qui se prononcera forcément avant la Cour de justice au regard des délais de procédure qui sont ceux de la justice communautaire – déclare la constitutionnalité de la loi d'un côté et que quelques mois plus tard, voire quelques années plus tard, la réponse préjudicielle en interprétation délivrée par la Cour de Luxembourg sur la même disposition législative fasse apparaître un problème de contrariété avec le droit communautaire. L'expérience conventionnelle – personne n'a oublié l'affaire *Zielinski, Pradal et autres*[106] – ne démontre-t-elle pas qu'*in fine*, ce sera l'interprétation communautaire qui, d'une manière ou d'une autre, devra finir par prévaloir ? Car enfin, si dans l'affaire précitée le brevet de constitutionnalité fut contrecarré par le brevet d'inconventionnalité de la Cour de Strasbourg, on sait que le Conseil constitutionnel rectifia le tir pour délivrer une interprétation des validations législatives conforme à la donne conventionnelle. Or, le même raisonnement ne vaut-il pas à l'endroit des exigences découlant du droit de l'intégration ? Ce qui est sûr c'est que cette dernière hypothèse – que l'on pensait (légèrement) irréaliste – s'est révélée plausible à la prise de connaissance[107] d'un étonnant arrêt du Conseil d'État belge du 27 mars 2009, *Boxus et Roua c. Région wallonne*[108]. Voilà que dans une affaire somme toute banale découlant de la contestation d'un projet d'extension d'une piste de l'aéroport de Liège-Bierset, le juge administratif suprême belge décide de surseoir à statuer et d'activer de façon concomitante non seule-

106. CEDH, Gde Ch., 28 oct. 1999, *Zielinski et Pradal et Gonzalez et a. c. France.*
107. Au moment de mettre le point final à cette étude, Yann Aguila portait à ma connaissance l'existence de cet arrêt. Je saisis cette occasion pour lui réitérer mes plus vifs remerciements.
108. Conseil d'État belge, 27 mars 2009, *Boxus et Roua c. Région wallonne*, n° 191.950.

ment l'article 234 TCE mais également l'article 26 de la loi spéciale du 6 janvier 1989 en décidant d'ailleurs d'attendre les deux réponses, avant que le procès puisse reprendre son cours normal[109] : autant dire que le délai de jugement du procès va considérablement s'allonger et qu'il sera passionnant de scruter le temps des réponses des Cours respectives et leurs articulations par le juge national[110]. Ce double renvoi démontre avec éclat que les conjectures doctrinales de toutes sortes sont assurément possibles et que la pratique contentieuse française ne manquera pas de révéler des surprises découlant de l'imagination des requérants comme des juges.

La disjonction entre le droit de l'Union européenne et celui de la Convention européenne – outre qu'elle accroît la complexité en instaurant un principe flanqué d'une exception – n'en est pas

---

109. L'article 4 du dispositif de l'arrêt se lit ainsi : « Après un examen de la réponse donnée par la Cour constitutionnelle aux questions posées à l'article 2 et par la Cour de justice des Communautés européennes aux questions posées à l'article 3, le membre de l'auditorat désigné par Monsieur l'Auditeur général est chargé de rédiger un rapport complémentaire. À dater de la notification du rapport complémentaire, chacune des deux parties disposera d'un délai unique de trente jours pour déposer un nouveau mémoire. »

110. Dans une ordonnance du 19 mai 2009, le Président de la Cour de justice décida de joindre plusieurs affaires connexes par leur objet conformément à l'article 43 du règlement de procédure, v. CJCE, Ord., 19 mai 2009, jonction des affaires C-128/09 à C-131/09, C-134/09 et C-135/09. En effet, le Conseil d'État belge procéda en réalité à plusieurs renvois dans des affaires très similaires (CE belge, 27 mars 2009, *Guido Durlet e.a. c. Région Wallonne*, aff. C-129/09 ; CE belge, 27 mars 2009, *Paul Fastrez, Henriette Fastrez c. Région wallonne*, aff. 130/09 ; CE belge, 27 mars 2009, *Philippe Daras c. Région wallone*, aff. 131/09 ; CE belge, 31 mars 2009, *Association des Riverains et Habitants des Communes Proches de l'Aéroport BSCA, Bernard Page c. Région wallonne*, aff.134/09 ; CE belge, 31 mars 2009, *Association des Riverains et Habitants des Communes Proches de l'Aéroport BSCA, Bernard Page, Léoin L'hoir, Nadine Dartois c. Région wallonne*, aff. 135/09).

Les questions préjudicielles communautaires portent sur l'interprétation des articles 1er, 5, 6, 7, 8 et 10 *bis* de la directive 85/337/CEE du Conseil, du 27 juin 1985, concernant l'évaluation des incidences de certains projets publics et privés sur l'environnement (*JO* L. 175, p. 40), telle que modifiée par la directive 97/11/CE du Conseil, du 3 mars 1997 (*JO* L. 73, p. 5) et la directive 2003/35/CE du Parlement européen et du Conseil, du 26 mai 2003, prévoyant la participation du public lors de l'élaboration de certains plans et programmes relatifs à l'environnement, et modifiant les directives 85/337/CEE et 96/61/CE (*JO* L. 156, p. 17), ainsi que sur l'interprétation des articles 6 et 9 de la Convention d'Aarhus sur l'accès à l'information, la participation du public au processus décisionnel et l'accès à la justice en matière d'environnement, conclue le 25 juin 1998 et approuvée, au nom de la Communauté européenne, par la décision du Conseil 2005/370/CE, 17 févr. 2005 (*JO* L. 124, p. 1).

moins également assez trouble sous l'angle matériel. Ressurgit ici – la boucle sera ainsi bouclée – la question de la concordance matérielle, mais sous un aspect spécifique. Si on a évoqué l'extrême proximité entre les blocs « constitutionnel » et « conventionnel », le même constat ne vaut-il pas entre le bloc de constitutionnalité et celui représenté par le catalogue des droits fondamentaux garantis à l'échelle de l'Union européenne ? Ce catalogue, d'origine prétorienne[111], a été mis en mot par la Charte des droits fondamentaux de l'Union européenne qui s'est elle-même inspirée en grande partie de la Convention européenne telle qu'interprétée par la Cour de Strasbourg, mais qui n'en est pas moins, sur plusieurs aspects – notamment en matière sociale – plus ambitieux. L'Union européenne étant assurément devenue « un fonds commun de valeurs » – pour reprendre l'heureuse formule de Guy Braibant – en légiférant toujours plus dans des domaines qui touchent de très près les droits de la personne humaine[112], la priorité accordée au droit de l'Union ne rendra-t-elle pas inopérante à terme la question de constitutionnalité ? Interrogation (légèrement) provocatrice qui mérite toutefois d'être posée.

Si les exercices de jurisprudence fiction sont toujours malaisés et particulièrement dangereux, ce dont on peut être sûr à ce stade, c'est l'impact majeur de la *Question* sur la restructuration du Conseil constitutionnel telle qu'elle découle de la section 3 du projet de loi organique. Sa juridictionnalisation imposée par les particularismes de la procédure concrète de constitutionnalité associée aux exigences conventionnelles – l'affaire *Ruiz Mateos* est dans tous les esprits[113] – fera entrer assurément le Conseil constitu-

111. Pour un état des lieux substantiel de la matière v. F. Picod, « Droit de l'Union européenne des droits de l'homme et des libertés fondamentales », *Fasc. 120*, 1, 2007.

112. Pour un exemple emblématique qui démontre, qui plus est, que la protection octroyée par le droit communautaire peut et doit être, dans certaines circonstances, plus poussée que celle garantit par le système conventionnel, on renvoie au très important arrêt de la Cour de Luxembourg rendu en matière de « protection subsidiaire », v. CJCE, Gde Ch., 17 févr. 2009, *Époux Elgafaji,* C-465/07, concl. M. Poiares Maduro, 9 sept. 2008.

113. CEDH, 23 juin 1993, *Ruiz Mateos c. Espagne.* Pour un autre arrêt qui aborde la question de l'égalité des armes dans le cadre de la procédure concrète de la « question d'inconstitutionnalité » en Espagne, mais qui ne condamne pas l'État défendeur v. CEDH, 27 avr. 2004, *Gorraiz Lizarraga et autres c. Espagne*. La jurisprudence est plus fournie s'agissant des recours directs de constitutionnalité – ayant en général pour objet de contester la constitution des lois au regard de la protection des droits fondamentaux. On consultera par exemple avec intérêt un arrêt qui condamne à l'unanimité la Croatie pour la lenteur de la procédure constitution-

tionnel dans une nouvelle ère[114]. De nouveaux us et coutumes contentieux vont s'implanter rue Montpensier. Cela sera fascinant à scruter.

Addendum

De la loi organique n° 2009/1523 du 10 décembre 2009 relative à l'application de l'article 61-1 de la Constitution.

Neuf mois. Il n'aura fallu que neuf mois entre la présentation du projet de loi organique à l'Assemblée nationale le 9 avril 2009 par le garde des Sceaux et sa promulgation le 10 décembre 2009 par le président de la République pour que l'innovation, mieux, la petite révolution induite par l'article 61-1 de la Constitution se concrétise[115]. Ce laps de temps aura été scandé tout à la fois par une ébullition doctrinale sans pareil et par le déroulement du processus législatif ; en deux rapports parlementaires[116] et une décision du Conseil constitutionnel validant la constitutionnalité de la loi organique[117], le tour était joué : la réforme était bouclée.

Avec la question nominaliste – on ne parle plus de question **préjudicielle** de constitutionnalité mais de question **prioritaire** de constitutionnalité – la différence majeure entre le projet de loi organique tel que présenté le 9 avril et la version définitive concerne la disparition du mécanisme de la « priorité sur la priorité » qui découlait de l'article 23-2 *in fine*. *Exit* la référence à

---

nelle notamment dans le cadre d'un recours direct de constitutionnalité (plus de six ans…), v. CEDH, 5 févr. 2009, *Olujic c. Croatie*, § 89-91 (l'arrêt n'est disponible qu'en anglais). Sur la question de l'impact toujours plus fort de la jurisprudence conventionnelle sur l'organisation et les procédures des Cours suprêmes y compris constitutionnelles, on se reportera au numéro spécial de la *Revue internationale de droit comparé* consacré à l'influence de la Cour européenne des droits de l'homme sur les Cours suprêmes, 2008, 2.

114. Au point que le dialogue avec la Cour européenne continuera d'être soutenu à défaut d'être explicite et que la diplomatie judiciaire ne manquera pas de s'étoffer. Pour un exemple de ce dernier aspect, on notera la visite au Conseil constitutionnel d'une délégation de membres de la Cour européenne. À cet égard, on prendra connaissance des remarques particulièrement intéressantes de F. TULKENS, juge belge à la Cour européenne, « Convention européenne des droits de l'homme et Cours suprêmes ». Elle considère que la question préjudicielle pourra avoir éventuellement une incidence sur le nombre de requêtes déposées contre la France à Strasbourg. Le texte est disponible sur le site du Conseil constitutionnel (www.conseil-constitutionnel.fr).

115. L'entrée en vigueur de la loi organique est prévue le 1er mars 2010.

116. Rapport Warsmann (AN) relatif à l'application de l'article 61-1 de la Constitution (n° 1898) et Rapport Portelli (Sénat) relatif à l'application de l'article 61-1 de la Constitution (n° 637).

117. Cons. const., 3 déc. 2009, n° 2009-595 DC.

l'article 88-1 de la Constitution dont on sait qu'elle avait été insérée afin de respecter les engagements communautaires en matière de renvoi préjudiciel tels qu'interprétés par la Cour de justice des Communautés dans son arrêt *Simmenthal.* Voilà qu'en cas de concurrence des questions, un caractère prioritaire est donné à la question de constitutionnalité. La lecture des rapports parlementaires démontre à merveille en filigrane les oppositions entre plusieurs visions du mécanisme : celle des juridictions suprêmes d'un côté et celle du Conseil constitutionnel de l'autre – lesquelles, par leurs représentants interposés – ont pu présenter leur point de vue. Au final, entre ceux qui prenaient au sérieux le *dictum* de l'arrêt *Simmenthal* et ceux qui, au bout du compte, considèrent que la priorité constitutionnelle doit l'emporter, soit parce qu'elle n'est pas contraire aux engagements communautaires (*sic*), soit parce qu'en tout état de cause la Constitution, dans l'ordre interne, prévaut, ce sont les représentants de cette dernière vision qui l'ont emporté… À l'heure où le droit se crée, se pense et s'interprète de façon décloisonnée ; à l'heure où la verticalité perd de son souffle, il est sans doute paradoxal de voir poindre le dogme de la primauté de la Constitution, de l'État, bref, de la souveraineté. Paradoxal, mais légitime au bout du compte évidemment. Gageons simplement que derrière cette volonté de replacer la Constitution et donc l'État au cœur du système juridique, la réforme serve surtout aux justiciables et qu'elle ne réactive pas une concurrence des juges (encore moins une guerre des juges) dans le champ même du système juridique français.

TROISIÈME PARTIE
LES NOUVEAUX RECOURS CONTENTIEUX

CHAPITRE 1
LE DROIT AU LOGEMENT OPPOSABLE : ASPECTS DE PROCÉDURE ET DE FOND

Pearl Nguyen-Duy
Rapporteur public au Tribunal administratif de Paris

Le contentieux du droit au logement opposable institué par la loi du 5 mars 2007 est un contentieux que j'ai l'occasion de « pratiquer » régulièrement au tribunal administratif de Paris en tant que rapporteur public et juge unique, puisque, nous le reverrons tout à l'heure, le recours DALO (Droit au logement opposable) se déroule devant un juge seul sans conclusions du rapporteur public.

J'ai donc à connaître du DALO sous ses deux aspects : l'aspect séduisant d'un contentieux « vierge » qui pose de nombreuses questions nouvelles tant de procédure que de fond, mais aussi l'aspect beaucoup plus éprouvant d'un contentieux de masse qui concerne un public socialement fragilisé, qui est désormais de loin le plus important. Avant de donner quelques chiffres permettant de mesurer l'ampleur du défi que le DALO représente en termes de charge de travail pour les tribunaux administratifs, ou du moins pour certains, il est nécessaire de présenter brièvement ce dispositif.

Je ne reviendrai pas sur la genèse de la loi du 5 mars 2007 et le contexte médiatique qui a présidé à son adoption. Il convient seulement de rappeler que l'idée d'un droit au logement opposable n'est pas nouvelle. Ce droit a été reconnu dès la loi Quilliot de 1982 et a été expressément consacré par la loi Besson en 1990. Mais cette qualification n'avait emporté jusqu'alors aucune conséquence directe. Le Conseil constitutionnel s'était borné à affirmer que la possibilité pour toute personne de disposer d'un logement décent est un objectif à valeur constitutionnelle.

Désormais, aux termes de l'article 1er de la loi du 5 mars 2007, codifié à l'article L. 300-1 du Code de la construction et de l'habitation, le droit à un logement (et à un hébergement) est garanti aux personnes résidant régulièrement sur le territoire et qui ne sont pas en mesure d'accéder par leurs seuls moyens à un logement décent et indépendant ou de s'y maintenir. La véritable innovation de la loi du 5 mars 2007 est de rendre effectif ce droit en prévoyant qu'il s'exercerait, de façon concrète, par la voie de deux recours successifs : un recours administratif, en premier ; puis ensuite un recours contentieux tendant à ce que soit ordonné à l'État le logement des personnes concernées.

Le dispositif du DALO comporte donc deux phases. Depuis le 1er janvier 2008, les personnes qui le souhaitent peuvent déposer un recours devant une commission départementale de médiation. Celle-ci est chargée d'identifier les personnes qui remplissent les conditions pour être reconnues prioritaires au titre du droit au logement opposable et qui doivent se voir loger d'urgence. Six catégories de personnes peuvent être reconnues prioritaires. Cinq catégories recouvrent en gros deux situations : des situations de non-logement (hébergement, logement temporaire, dépourvu de logement) et de mal-logement (sur-occupation, insalubrité)[1]. La sixième catégorie est constituée par les demandeurs de logements sociaux qui n'ont reçu aucune proposition adaptée en réponse à leur demande de logement pendant un certain délai fixé par arrêté préfectoral. La commission précise pour chaque demandeur prioritaire les caractéristiques du logement qui doit lui être attribué en fonction de ses besoins et de ses capacités financières. La liste de ces personnes prioritaires est ensuite transmise par la commission au préfet.

Le préfet est alors censé leur présenter une offre de logement adapté dans un délai de trois à six mois (en fonction des départe-

1. Pour mémoire :
– 1° ce sont les personnes dépourvues de logement ;
– 2° les personnes menacées d'expulsion sans relogement, plus précisément celles qui ont fait l'objet d'un jugement d'expulsion ;
– 3° celles qui sont hébergées ou logées temporairement dans un logement de transition ;
– 4° celles logées dans des locaux impropres à l'habitation ou présentant un caractère insalubre ou dangereux ;
– 5° les personnes qui vivent dans des locaux manifestement sur-occupés ou ne présentant pas le caractère d'un logement décent, s'il a au moins un enfant mineur, ou s'il est handicapé ou a à sa charge au moins une personne en situation de handicap (les deux conditions sont cumulatives).

ments). En l'absence d'une telle offre, depuis le 1er décembre 2008, les 5 premières catégories de personnes que je viens de mentionner, peuvent saisir le juge administratif d'un recours contentieux en application de l'article L. 441-2-3-1 du Code de la construction et de l'habitation afin que le juge enjoigne au préfet de les reloger. La sixième catégorie ne pourra saisir le juge administratif qu'au 1er janvier 2012.

Pour donner une idée de l'ampleur du dispositif DALO, on peut citer utilement quelques chiffres. Même s'il n'existe pas (et on le regrette) de chiffre précis quant au nombre total de personnes qui seraient susceptibles de rentrer dans le dispositif DALO, on peut toutefois noter qu'au 31 décembre 2008, 61 000 demandes ont été déposées devant les commissions de médiation sur l'ensemble du territoire national.

La caractéristique la plus marquante de ces chiffres est l'extrême concentration géographique des demandes. Certaines régions sont ainsi beaucoup plus touchées que d'autres, environ 90 % des demandes étant concentrés dans huit régions : Île-de-France = 62 % des demandes totales (PACA, Rhône-Alpes, Nord-Pas-de-Calais, Languedoc-Roussillon, Pays de la Loire, Midi-Pyrénées et Aquitaine). Pour mémoire : au sein de la région Île-de-France, les disparités sont également très fortes. Quatre départements, sur les huit de la région, concentrent les demandes de droit au logement opposable : Paris, la Seine-Saint-Denis, le Val-de-Marne et, dans une moindre mesure, les Hauts-de-Seine. Au sein de la région d'Île-de-France, le département de Paris représentait à la fin de l'année 2008 environ 22 % des recours administratifs déposés dans la France entière.

En stock, à la fin du mois de mars 2009, 15 000 personnes avaient déposé une demande devant la commission de médiation. Environ la moitié d'entre elles ont été reconnues prioritaires, soit 7 400 personnes. Ce qui représente 7 400 requérants potentiels devant le tribunal administratif de Paris. À ces stocks, il faut ajouter les flux estimés par le préfet de Paris à environ 1000 dossiers de demandes supplémentaires déposés par mois, ce qui représente environ 500 personnes prioritaires par mois de plus. Après une mise en route plutôt lente de l'ordre de 50 dossiers par mois, les flux d'entrées au tribunal administratif de Paris sont désormais de l'ordre de 250 par mois (à rapporter aux 1 600 entrées pour tout le tribunal – 20 000 entrées en 2008).

C'est ce caractère de contentieux de masse dont on ne mesure pas encore bien l'ampleur qui explique que le bilan et les perspectives contentieuses que je vais tenter de dresser de ce dispositif, un an et demi après ses premières applications, seront marqués par un grand pessimisme. Je voudrais articuler mon propos autour de trois idées principales.

– Première idée qui concerne le seul point positif de ma présentation, c'est que, pour faire face à ce contentieux que l'on savait être un contentieux de masse, le législateur a mis en place une procédure juridictionnelle effective. Cette procédure doit permettre aux tribunaux de juger rapidement.

– Deuxième idée : si ce recours est efficace en termes de procédure, nous avons de sérieux doutes quant à son aptitude à être suivi de conséquences concrètes et positives pour les requérants. En effet, nous verrons que les tribunaux vont se heurter et se heurtent déjà à la question de mise à exécution de leurs jugements, qui va constituer une tâche peut-être plus importante à l'avenir pour les tribunaux que les recours en injonction eux-mêmes.

– Troisième idée : à ces difficultés liées à l'exécution des jugements, il faut ajouter le poids représenté pour les tribunaux administratifs par les autres contentieux générés par le dispositif DALO. En effet, le contentieux du DALO ne se résume pas au recours en injonction devant le juge administratif. La loi DALO a donné naissance et va donner naissance à de nouveaux contentieux qui risquent de peser également lourdement sur les capacités de jugement des tribunaux administratifs.

Avant d'en venir à ces sombres perspectives, je voudrais premièrement développer l'idée selon laquelle le recours contentieux, qui s'inspire des procédures des référés et de la reconduite à la frontière, a été conçu par le législateur pour être le plus efficace et le plus rapide possible, car il relève de l'urgence sociale.

I. UNE PROCÉDURE EFFICACE ET RAPIDE POUR UN CONTENTIEUX RELEVANT DE L'URGENCE SOCIALE

A. LES RÈGLES PROCÉDURALES

Ces règles sont fixées aux articles R. 778-1 et suivants du Code de justice administrative.

Il n'est pas possible de détailler ici toutes ces règles, j'insisterai sur les plus importantes.

1. Le législateur a opté pour la formation de jugement la plus réduite à savoir celle du juge statuant seul (référé et RAF). L'audience se déroule donc, sauf renvoi en formation collégiale, sans conclusions du commissaire du gouvernement. Formule adaptée compte tenu de la simplicité des faits et du droit à appliquer. Au tribunal administratif de Paris, cela permet de démultiplier les audiences : une formation de jugement permet d'organiser, à la place d'une audience collégiale, 4 audiences de juges uniques qui auront à traiter chacun 40 dossiers.

2. Le juge statue au terme d'une procédure écrite et orale, l'instruction étant close après que les parties ont formulé leurs observations orales à l'audience (soit, si ces parties sont absentes ou ne sont pas représentées, après appel de leur affaire à l'audience ; des moyens d'ordre public peuvent être soulevés à l'audience).

3. Le recours est enserré dans des délais stricts fixés par le législateur : le juge a deux mois pour juger à compter de la saisine. Ce n'est pas un délai prescrit à peine de dessaisissement du tribunal.

4. Les requérants ont la possibilité d'être assistés dans leurs démarches par des associations de défense des mal-logés ou des personnes en situation d'exclusion. Cette disposition vise à s'assurer que les demandeurs souvent fragilisés par la situation à laquelle ils sont confrontés, soient accompagnés dans leurs démarches par une association à même de les aider à faire valoir leur droit au logement.

B. L'OFFICE DU JUGE

Par-delà ces règles procédurales, l'office du juge est particulièrement réduit toujours dans un souci d'efficacité. Le champ d'appréciation du juge est ainsi strictement défini à l'article

L. 441-2-3-1 du Code de la construction et de l'habitation. Cette rédaction résulte de la volonté expresse du législateur d'éviter d'alourdir et de ralentir la procédure, qui a vocation à rester rapide. Le juge se borne ainsi à constater et à vérifier trois choses :

Premièrement, il doit constater que la personne a été reconnue prioritaire par une décision de la commission de médiation : il n'a pas de marge de manœuvre, peu importe que celle-ci se soit trompée (surface, caractère insalubre). Le juge n'est pas le juge de la légalité de la décision de la commission, il est le juge de l'exécution de la décision de la commission. Il est lié par l'autorité de la chose décidée et non de la chose jugée. Le législateur a estimé qu'il n'aurait pas été satisfaisant pour le juge de devoir précipitamment réapprécier le caractère prioritaire de la demande. S'agissant d'un litige de plein contentieux, le juge doit toutefois prendre en considération les changements de circonstances de droit et de fait à la date à laquelle il statue pour apprécier s'il y a lieu de faire droit à la demande.

Deuxièmement, le juge doit vérifier si l'urgence de la situation demeure : *a priori* condition toujours remplie si la personne a été reconnue prioritaire, mais on peut imaginer des cas où cela ne sera pas le cas : personne dans un logement insalubre mais travaux en cours etc.

Enfin, troisièmement, le juge doit vérifier qu'aucune offre de logement adapté n'a été faite au demandeur. Dans la plupart des cas à Paris, cette condition est aussi rapidement examinée puisque le préfet n'a pas eu la possibilité de faire d'offre. Cela va peut-être évoluer puisque la loi de mobilisation pour le logement et la lutte contre l'exclusion du 25 mars 2009 (dite loi « MOLE ») a institué une gestion régionale du logement et relogement des bénéficiaires du DALO : le préfet pourra reloger les personnes non plus seulement à Paris mais dans toute la région d'Ile-de-France. Le juge pourrait par conséquent être amené à exercer plus souvent un contrôle de l'adaptation de l'offre de logement. Celle-ci doit correspondre aux capacités financières du demandeur et à ses besoins eu égard notamment à la composition de sa famille. Le juge devra également se prononcer sur la validité d'une offre au regard de critères géographiques. Condition interprétée très restrictivement : motifs raisonnables ou légitimes (salon trop petit, agencement des pièces).

Si ces trois conditions sont remplies, les tribunaux administratifs ont dans leur ensemble considéré que le juge avait l'obligation d'ordonner automatiquement à l'autorité responsable le logement ou le relogement du demandeur, quelles que soient les possibilités effectives de logement.

En effet, il ressort clairement des débats parlementaires et surtout du texte même de la loi, que le législateur a refusé de voir dans l'obligation de l'État d'offrir un logement aux personnes reconnues prioritaires, une simple obligation de « diligence » ou de moyen compte tenu des possibilités concrètes, mais a entendu au contraire mettre à sa charge une véritable obligation de résultat.

Tel qu'il est conçu, le recours juridictionnel de la loi DALO nous semble en effet avoir pour objet de sanctionner l'inaction, mais aussi l'impuissance de l'État. Il s'agit ainsi non seulement de remédier à la carence de celui-ci, mais également de stigmatiser les situations où l'action de l'État est en tout état de cause impossible.

On constate concrètement que le préfet se prévaut dans ses mémoires en défense de ce qu'il a pris toutes les mesures qu'il lui était possible de prendre, compte tenu du faible contingent de logements dont il dispose et des autres priorités qui s'imposent à lui en matière de logement social. Mais cette argumentation est totalement inopérante puisque la vocation même du recours est de sanctionner cette impuissance et d'agir comme un véritable aiguillon permettant de stimuler l'action des pouvoirs publics en matière de logement. Pour éviter les condamnations, les pouvoirs publics devront mobiliser plus efficacement tous les outils permettant de prévenir les situations de mal-logement ou de non-logement et permettant de produire les logements nécessaires (meilleure maîtrise du contingent préfectoral par les préfets, procédures de lutte contre l'habitat indigne, prévention des expulsions). C'est donc un projet de longue haleine.

Afin de rendre encore plus efficace cet aiguillon, le juge a la faculté d'assortir son injonction d'une astreinte. Pour donner toute son effectivité à la loi, le TA de Paris a décidé d'assortir automatiquement son injonction d'une astreinte. À noter, originalité par rapport à l'astreinte de droit commun de l'article L. 911-3 du Code de justice administrative, le juge n'a pas à être saisi de conclusions en ce sens : il peut prononcer d'office l'astreinte.

En résumé, nous sommes donc face à un recours de plein contentieux dans le cadre duquel le juge prend des injonctions à titre principal, c'est-à-dire des injonctions qui vont au-delà d'une explicitation des obligations résultant de la chose jugée. Le juge agit comme juge de l'exécution des décisions favorables de la commission de médiation. On est dans un dispositif analogue à celui de l'article L. 911-4 du Code de justice administrative, à ceci près que le juge exécute non un jugement mais une décision administrative devenue définitive.

Dans la pratique, un processus industriel de traitement de ces dossiers a été mis en place : rédaction d'un jugement type et rôle des aides à la décision puisqu'il s'agit d'un contentieux sans grande difficulté. Appauvrissement du travail intellectuel du juge. Mais il ne faut pas sous-estimer le rôle social du juge et le rôle de l'audience où le requérant peut exprimer sa détresse.

II. UN DISPOSITIF AUX EFFETS CONCRETS LIMITÉS

Si la procédure a été conçue pour être la plus efficace possible, on ne peut toutefois nourrir que les plus grands doutes quant aux retombées concrètes du dispositif du moins à court et moyen termes, car l'injonction est souvent dépourvue d'effet pour le requérant.

La réussite du dispositif DALO est indissociable du succès de la politique du logement en général et de sa capacité à surmonter la pénurie de logements actuelle. Il en résulte donc une multiplication des recours contentieux qui ne pourra que conduire à la condamnation de l'État sans forcément apporter une réponse aux besoins des personnes.

A. L'IMPACT LIMITÉ DES ASTREINTES

Même si les juges du tribunal administratif de Paris ont décidé d'assortir automatiquement leurs injonctions d'une astreinte afin de rendre plus effective la loi, l'impact immédiat attaché au prononcé d'une astreinte reste limité. La loi DALO a prévu que le produit de l'astreinte n'est pas versé au demandeur mais est affecté au fonds institué en application de l'article L. 302-7 dans la région où est située la commission de médiation saisie par le demandeur (à Paris, il s'agit du fond d'aménagement urbain de la région d'Île-de-France qui a été institué par la loi n° 2000-1208 du 13 décembre 2000 relative à la solidarité et au renouvellement urbain). Ce fonds a vocation à aider financièrement les communes éligibles et les établissements publics de coopération intercommunale pour des actions foncières et immobilières en faveur du logement social. Jeu d'écritures budgétaires.

De plus, la loi MOLE a limité le montant de l'astreinte. Le législateur a souhaité mesurer les conséquences financières pour l'État de l'entrée en vigueur des dispositions de la loi DALO pour lui permettre de provisionner. La loi a précisé les références sur lesquelles appuyer la détermination du montant de ces astreintes. Ainsi, les astreintes doivent désormais être fixées en référence au loyer moyen du type de logement du parc social considéré comme adapté aux besoins du demandeur par la commission de médiation. Par-delà les problèmes d'interprétation et d'application de ces dispositions, on aboutit grosso modo par mois à des montants très faibles de l'ordre de 70 euros pour une personne à 280 euros pour quatre personnes. À comparer au montant de 100 euros par jour de retard qui avait été retenu à l'origine par les premières décisions du tribunal administratif de Paris du 5 février 2009.

Pour obtenir 1 200 000 euros d'astreinte, il faut liquider six mois d'astreinte pour 1 000 demandeurs.

Cette situation de blocage pour les requérants a en revanche des conséquences concrètes et sensibles sur les tribunaux administratifs, notamment au niveau de l'exécution des jugements rendus.

B. LE PROBLÈME DE L'EXÉCUTION DES INJONCTIONS ET CONDAMNATIONS À ASTREINTE

Une fois l'injonction et l'astreinte prononcées, se pose la question de l'exécution des jugements rendus. Dès lors que le contexte actuel est marqué par la pénurie de logements sociaux, il y a donc fort à craindre que, dans la très grande majorité des cas, il n'y aura pas de relogement des requérants à court et moyen terme et donc inexécution du jugement.

En cas d'inexécution, l'article L. 911-7 du Code de justice administrative prévoit que la juridiction procède à la liquidation de l'astreinte qu'elle a prononcée. L'article R. 921-7 du Code de justice administrative précise qu'elle peut le faire d'office ou sur la saisine de la partie intéressée. Au flux des requêtes DALO, va donc s'ajouter une nouvelle charge pour les tribunaux, celle de la procédure de liquidation de l'astreinte. Afin de diminuer cette charge, les tribunaux pourront adopter la stratégie de ne pas liquider d'office l'astreinte mais d'attendre d'être saisis d'une demande d'exécution (sur le fondement de l'art. L. 911-4 ou de l'art. L. 911-7, C. just. adm.). Le problème d'une telle posture est qu'elle prive la loi d'une partie de son effet incitatif. Le TA de Paris a plutôt l'attitude inverse qui est de procéder à des vagues semestrielles de liquidation (pour mémoire : même si on peut se demander si, compte tenu du faible montant des astreintes prononcées, des liquidations d'astreintes en masse auront vraiment un impact). Le juge pourrait d'ailleurs augmenter le taux de l'astreinte compte tenu d'une inexécution persistante après avoir procédé à une première liquidation (CE, 22 nov. 1999, *Lother*, n° 141236).

Cela représente à terme une charge énorme et ne va cesser de s'amplifier. En effet, la procédure de liquidation de l'astreinte ne constitue pas en elle-même une nouvelle procédure contentieuse puisqu'elle se rattache à la même instance contentieuse que celle qui a été ouverte par le recours DALO dont elle est le prolongement procédural (CE, 21 mai 2003, *M. Petit*). Ce qui signifie que chaque dossier DALO qui rentre ne sera pas clos et ne pourra être archivé tant que l'État n'aura pas satisfait à ses obligations d'exécution, c'est-à-dire de reloger la personne ou à tout le moins de lui proposer une offre de logement adapté. Tant que cela n'aura pas été fait, il s'expose à ce que l'astreinte soit liquidée, y compris à plusieurs reprises. Effet boule de neige du dispositif, puisque le stock de demandeurs prioritaires qui auront obtenu une injonction ne va cesser de grossir et qu'à chaque échéance, les liquidations seront de plus en plus nombreuses et le travail d'instruction des dossiers de plus en plus énorme. Pour chaque affaire, il faudra regarder s'il y a eu exécution ou non de l'obligation de logement.

Or, à l'heure actuelle, je crains que les tribunaux ne disposent pas des moyens (humains et de procédure) pour faire face à une telle charge de travail, qui a été grandement minorée par le législateur.

En plus, si l'on s'en tient aux articles du Code de justice administrative, il faut tenir une audience publique et rendre un jugement (art. R. 921-7, C. just. adm.). Certes la phase contradictoire écrite peut être réduite : elle est considérée comme réalisée s'il y a eu convocation régulière à l'audience. Il résulte de la jurisprudence (CE, 11 janv. 2006, *Département de la Haute-Corse*, n° 262621) que lorsqu'une juridiction a prononcé une injonction à peine d'astreinte à l'encontre d'une personne publique, faute pour celle-ci de justifier avoir exécuté la décision juridictionnelle dans le délai imparti, cette juridiction peut ensuite liquider d'office l'astreinte sans être tenue, en l'absence de toute pièce nouvelle versée au dossier, de solliciter les observations de l'une ou l'autre des parties autrement qu'en les convoquant régulièrement à l'audience qui doit précéder la décision de liquidation de l'astreinte. Le problème est qu'aucune disposition législative ou réglementaire expresse ne nous permet de liquider les astreintes par ordonnance. Il faudrait pour cela modifier l'article R. 222-1 du Code de justice administrative. Même si nous avions cette possibilité, je pense que, plus fondamentalement, il faudrait réfléchir à un moyen qui permette d'éviter une liquidation pour chaque dossier et qui pourrait s'inspirer de la procédure de mandatement d'office de L. 911-9 du Code de justice administrative.

Ces prévisions sont d'autant plus alarmistes qu'on ignore toujours le nombre de personnes susceptibles d'être concernées par le DALO. Le vote de la loi DALO est intervenu alors que le gouvernement comme le Parlement ne disposaient que de très peu d'éléments concernant l'étendue des bénéficiaires potentiels, alors qu'une étude d'impact aurait dû accompagner la présentation du projet afin d'évaluer le nombre de personnes susceptibles de former, en 2008 et en 2012, un recours devant la juridiction administrative. C'est un véritable « saut dans l'inconnu ». C'est donc par référence à des données éparses et à des estimations élaborées essentiellement par les milieux associatifs (Fondation Abbé Pierre 3,5 millions de personnes non ou mal logées) et enquêtes de l'INSEE et du CNRS que l'évaluation des publics concernés a été réalisée. Une enquête relative à l'estimation des ménages prioritaires a été lancée le 19 décembre 2007 par circulaire des ministres de l'intérieur et du logement dont les résultats doivent toutefois être pris avec précaution compte tenu des différentes méthodologies retenues. Les résultats bruts font apparaître un total extrêmement élevé de 648 568 ménages. susceptibles d'être concernés par le droit au logement opposable au titre des cinq critères de priorité. De plus, la loi MOLE a renforcé les dispositifs d'information en y incluant les collectivités locales et les associations. Rappelons également qu'à compter du 1er janvier 2012, le recours contentieux sera généralisé à toutes les personnes qui n'ont pas obtenu de logement social à l'expiration d'un délai « anormalement long » fixé par arrêté préfectoral par département.

III. LES AUTRES CONTENTIEUX GÉNÉRÉS PAR LA LOI DALO

À ces perspectives peu encourageantes, il convient de souligner que la loi DALO est également à l'origine d'autres contentieux. Il s'agit en amont du recours en injonction, des recours contre les décisions défavorables de la commission de médiation qui refusent de reconnaître une personne prioritaire et en aval, des recours indemnitaires qui risquent fort de se développer dans les années à venir.

A. LE CONTENTIEUX DES DÉCISIONS DE REFUS DES COMMISSIONS DE MÉDIATION

Il concerne les recours formés par les personnes qui n'ont pas été reconnues prioritaires par la commission de médiation au stade du recours administratif. Il s'agit à n'en pas douter de décisions faisant grief puisqu'elles privent le demandeur des bénéfices attachés à la reconnaissance du caractère prioritaire de l'attribution en urgence d'un logement (notamment la possibilité d'introduire un recours contentieux).

L'office du juge consiste à vérifier que la commission de médiation a fait une bonne application des critères et des conditions posées par le Code de la construction et de l'habitation dans sa partie législative et réglementaire pour déterminer les personnes prioritaires. Ce sont les cinq catégories de personnes évoquées toute à l'heure.

Pratiquement tous les tribunaux administratifs ont considéré que l'on était dans le cadre d'un recours pour excès de pouvoir, qui peut être introduit dans les délais de recours de droit commun. Le juge se contente d'annuler la décision de la commission de médiation et ne reconnaît pas directement au requérant la qualité de demandeur prioritaire.

Deux arguments de poids pouvaient être avancés dans le sens de la reconnaissance d'un recours de plein contentieux. On peut souligner en premier lieu la similarité de cette matière avec des contentieux « sociaux » où le juge reconnaît le bénéfice de certains droits ou certaines qualités aux requérants et statue donc en plein contentieux (le bénéfice d'une rente d'invalidité ; la reconnaissance du statut de réfugié ; la tarification des prix de journée dans les établissements d'hospitalisation fixés par l'arrêté préfectoral ;

la récupération des allocations d'aide sociale ; la reconnaissance de la qualité de travailleur handicapé). On peut estimer en second lieu qu'il serait préférable que le juge se prononce lui-même sur le droit de l'intéressé et mette ainsi définitivement fin au litige plutôt que de contraindre le requérant à retourner devant la commission de médiation. Une telle solution serait d'autant plus justifiée qu'il faut éviter que ces personnes qui se trouvent en situation d'urgence sociale, ne soient sanctionnées par les délais de jugement des juridictions administratives.

D'autres arguments militent à l'inverse dans le sens d'une application classique des règles du recours pour excès de pouvoir et ce sont eux qui l'ont emporté. Tout d'abord, si les critères législatifs et réglementaires retenus pour déterminer les personnes prioritaires devant obtenir un logement d'urgence, paraissent d'une application relativement simple, il n'en va pas de même de l'application des III et IV de l'article L. 441-2-3 du Code de la construction et de l'habitation qui visent les demandeurs, non de logement, mais d'hébergement. Ils constituent un public dont la situation sera peut-être plus difficile à appréhender pour le juge administratif compte tenu de la faiblesse de ses repères en ce domaine et de l'absence de critères de mise en œuvre des textes sur ce point.

La commission de médiation ne se contente pas de reconnaître prioritaire les demandeurs. Il lui appartient de déterminer pour chaque demandeur les caractéristiques du logement. De plus, depuis la loi MOLE, la commission doit également définir les mesures de diagnostic et d'accompagnement social nécessaires. Il paraît préférable que ce soit une commission composée de spécialistes (représentants des collectivités locales, des organismes HLM, des bailleurs, d'organismes gestionnaires de structure d'hébergement, d'association de locataires ou intervenant dans le logement des personnes défavorisées) qui se prononcent sur ces points. Compte tenu de l'absence de complexité particulière de ce contentieux et des critères et conditions précisément fixées par les dispositions législatives et réglementaires du Code de la construction et de l'urbanisme qui encadrent le pouvoir d'appréciation de la commission de médiation sur le caractère prioritaire ou non d'une demande de logement, le tribunal administratif de Paris a souhaité ne pas se limiter à contrôler l'existence d'une erreur manifeste d'appréciation, mais d'exercer un contrôle normal sur les décisions de la commission de médiation. C'est la position adoptée par le TA de Paris, qui n'est toutefois pas partagée par tous les tribunaux.

Au fond, les tribunaux ont déjà été confrontés à de multiples questions posées par les cas particuliers dont ils ont été saisis, il est impossible de revenir dessus. Une question peut être signalée en particulier : celle du caractère cumulatif ou non du caractère prioritaire et urgent d'une demande.

B. LE CONTENTIEUX INDEMNITAIRE

Un autre contentieux ne manquera pas de se développer. Il s'agit des recours indemnitaires engagés contre l'État pour manquement à son obligation légale de relogement. On le voit d'ailleurs déjà poindre à l'occasion des recours en injonction. Certains requérants formulent des conclusions indemnitaires que l'on rejette comme irrecevables, puisque la procédure organisée par la loi DALO a exclusivement pour objet de permettre aux personnes prioritaires de saisir le juge administratif d'une demande tendant à ce qu'il soit enjoint à l'État d'assurer ce logement ou cet hébergement. Les conclusions tendant à la condamnation de l'État au paiement d'une indemnité sont étrangères à cette procédure et sont donc irrecevables. Dans le futur toutefois, ce contentieux va fleurir et prospérer car, à première vue, il devrait aboutir à des condamnations. En effet, à partir du moment où le législateur a voulu soumettre l'État à une obligation de résultat, le manquement à cette obligation constitue nécessairement une faute de nature à engager la responsabilité de l'État.

Ce contentieux est très proche de celui de la responsabilité de l'État pour carence dans l'organisation du service public de l'enseignement (CE, 27 janv. 1988, *Ministre de l'Éducation nationale c. Giraud,* n° 64076), qui a été étendu récemment à l'enseignement des enfants handicapés (CAA Paris, 11 juill. 2007, *Ministre de la Santé et des Solidarités c. M. et Mme Haemmerlin*, n° 06PA02793). Selon l'arrêt du Conseil d'État, le manquement à la mission d'intérêt général d'enseignement qui a pour effet de priver un élève d'enseignement, en l'absence de toute justification tirée des nécessités de l'organisation du service ou de cas de force majeure, est constitutif d'une faute de nature à engager la responsabilité de l'État. À cet égard, on ne peut qu'être frappé par la similitude entre les dispositions de l'article L. 111-1 du Code de l'éducation qui consacre l'obligation légale d'offrir aux enfants une prise en charge éducative : « Le droit à l'éducation est garanti à chacun afin de lui permettre de développer sa personnalité, d'élever son niveau de formation initiale et continue, de s'insérer dans la vie sociale et professionnelle, d'exercer sa citoyenneté » et l'article L. 300-1 du Code de la construction et de l'habitation selon lequel : « Le droit à un logement décent et indépendant est garanti par l'État à toute personne qui, résidant sur le territoire français de façon régulière et dans des conditions de permanence définies par décret en Conseil d'État, n'est pas en mesure d'y accéder par ses propres moyens ou de s'y maintenir ».

Par ailleurs, il convient également de noter que dans ce contentieux, l'État n'a pu s'exonérer de sa responsabilité en alléguant le manque de crédits budgétaires ou de places disponibles ou des déficiences d'autres personnes publiques.

Finalement c'est peut-être ce contentieux qui donnera au dispositif DALO toute son effectivité. En bref, l'État a intérêt à provisionner.

CHAPITRE 2
UNE PROTECTION RENFORCÉE DES GARANTIES DE TRANSPARENCE ET DE NON-DISCRIMINATION : LE RÉFÉRÉ CONTRATUEL[1]

Laurent Richer
Professeur à l'École de droit de la Sorbonne
(Université Paris I, Panthéon-Sorbonne)

La création par l'arrêt d'Assemblée du 16 juillet 2007 *Tropic Travaux* d'un nouveau recours en invalidation du contrat administratif a été en partie motivée par la volonté du Conseil d'État d'anticiper sur l'entrée en vigueur de la directive réformant les directives 89/665 et 92/13 concernant les procédures de recours en matière de marchés publics (Voir en ce sens les conclusions de Didier Casas) ; mais, cette évolution jurisprudentielle ne pouvait dispenser de transposer la directive 2007/66 du 11 décembre 2007 réformant les « directives recours », ne serait-ce que parce que la transposition passe obligatoirement par des mesures législatives ou réglementaires.

Transposition de la directive 2007/66

L'article 51 de la loi n° 2008-735 du 28 juillet 2008 relative aux contrats de partenariat a donné une habilitation au Gouvernement pour procéder par voie d'ordonnance. La transposition a été opérée, avant l'expiration du délai imposé dans la directive, par l'ordonnance 2009-515 du 7 mai 2009 relative aux procédures de recours applicables aux contrats de la commande publique. L'ordonnance s'appliquera aux contrats conclus à compter du 1er décembre 2009.

---

1. Ce texte a également été publié dans *Délégation de service public. Bulletin d'actualité*, éd. Le Moniteur, juillet 2009.

L'ordonnance apporte des modifications, qui ne résultent que très partiellement de la nouvelle directive, au régime du référé précontractuel, mais elle retient surtout l'attention en ce qu'elle crée un nouveau recours dénommé « référé contractuel ».

Transposition et plus...

L'ordonnance procède sur certains points, et, en particulier en ce qui concerne les pouvoirs du juge du référé contractuel, à une transposition pure et simple de la directive, mais elle va aussi au-delà de la directive. En effet, elle profite de l'autonomie procédurale pour combiner les exigences communautaires avec le particularisme national, sans que, pour autant, la question des rapports entre le nouveau recours et celui qui a été créé par l'arrêt *Tropic Travaux* soit entièrement élucidée. Il paraît, dès lors, utile de confronter l'ordonnance d'une part à la directive, d'autre part à la jurisprudence *Tropic Travaux.*

I. LES RÈGLES À TRANSPOSER

La directive 2007/66 a été adoptée pour mettre fin à certaines insuffisances du droit communautaire face aux violations du droit des marchés publics.

A. FONDEMENTS

Le droit communautaire dérivé met en œuvre en la matière deux normes supérieures :

– les principes généraux issus du traité que sont le principe d'effectivité et le principe de non discrimination ;

– l'AMP de 1994, dont l'article XX impose des exigences fondamentales relatives au déroulement et au résultat de la procédure contentieuse ; il prévoit, notamment, que « les procédures de contestation prévoiront... des mesures transitoires rapides pour remédier aux violations de l'Accord et préserver les possibilités commerciales ».

En 1989 l'adoption de la directive recours « secteurs classiques » et en 1992 celle de la directive recours « secteur réseaux » ont été considérées comme les compléments indispensables des directives sur les marchés publics, le seul moyen de garantir l'effectivité du droit communautaire en la matière, compte tenu de l'insuffisance générale des procédures nationales, trop respectueuses du fait accompli.

Cette confiance dans les recours n'est pas dénuée de paradoxe : les directives sur les marchés définissent des procédures formalistes, une véritable réglementation, parfois tatillonne, dont le complément naturel serait plutôt la mise en place de systèmes de contrôle administratif.

Qui tam

Mais, d'un autre côté, la conception du droit communautaire des marchés publics en matière de sanction s'inscrit dans la logique fondatrice du système en ce qu'elle fait largement place aux mécanismes du marché. L'idée-force est que les opérateurs économiques ont intérêt à ce que les manquements aux règles de passation soient sanctionnés, qu'on peut donc leur faire confiance pour défendre leurs intérêts et qu'en défendant leurs intérêts économiques, ils agissent aussi en faveur de l'intérêt général concurrentiel, par une action *qui tam* (« *Qui tam pro domino rege quam pro se ipso* » : autant pour soi même que pour son roi).

Voilà pourquoi les directives n'imposent aucune exigence relative aux contrôles, ce qui est peut-être regrettable[2], mais se contentent d'encadrer l'organisation par les États des procédures de recours en définissant des exigences minimales dans le respect de l'autonomie procédurale. À l'origine, les principales exigences étaient les suivantes :

- existence d'un organe de recours impartial et respectant les droits de la défense ;
- recours permettant de faire obstacle à la conclusion du marché illégal ;
- dommages-intérêts en cas de contrat illégal.

B. JURISPRUDENCE ET DROIT AU RECOURS

La CJCE a interprété les directives en prenant en considération avant tout l'exigence de l'effet utile, ce qui a, parfois, eu pour résultat de mettre à jour quelques imperfections du système des

2. Voir sur ce point S. L. Schooner, « Fear of Oversight : the Fundamental Failure of Businesslike Government », *American University Law Review*, 2001, vol. 50, p. 627 s.

recours. On retiendra de la jurisprudence de la Cour deux solutions particulièrement importantes :

– alors que la directive 89/665 ne définit pas les décisions dont l'annulation peut être demandée, la Cour juge qu'il résulte des objectifs de la directive que certaines décisions doivent toujours pouvoir faire l'objet d'un recours en annulation et que tel est le cas de la décision d'attribution du contrat (CJCE, 28 oct. 1999, *Alcatel Austria AG e.a,* aff. C-81/98, *Rec.* 7671, concl. Mischo) ;

– bien que la directive ait prévu qu'« un État membre peut prévoir que, après la conclusion du contrat qui suit l'attribution d'un marché, les pouvoirs de l'instance responsable des procédures de recours se limitent à l'octroi des dommages-intérêts » (art. 2 § 6), il n'en demeure pas moins que la violation du droit communautaire subsiste et qu'il faut y mettre fin, ce qui suppose, dans les cas les plus graves, comme la passation d'un marché négocié en dehors des exceptions, qu'il soit mis fin aux effets du contrat (CJCE, 18 juill. 2007, *Commission c/ Allemagne,* aff. C-503/04, *RFDA* 2007. 958, concl. Trstenjak, note Delvolvé).

De la sorte il s'avérait que les directives étaient dépassées par la jurisprudence et aussi par les faits, puisqu'une enquête menée en 2004 a mis en évidence la persistance de nombreuses violations du droit communautaire.

La réforme de 2007 n'a, toutefois, pas pris la forme d'une refonte radicale consistant à adopter deux nouvelles directives, elle a consisté à réviser les directives existantes, mais de façon importante.

C. INNOVATIONS DE LA DIRECTIVE 2007/66

Les deux apports principaux de la directive 2007/66 sont la création d'un délai de suspension et l'obligation d'instituer une procédure permettant de mettre fin aux effets du marché illégal.

Pour tenir compte de l'arrêt de la CJCE de 2007 l'article 2 *quinquies* définit les règles applicables au recours en privation d'effets.

Il est obligatoire de permettre à toute personne « ayant ou ayant eu un intérêt, à obtenir un marché public de fournitures ou de travaux déterminé et ayant été ou risquant d'être lésée par une violation alléguée » de faire déclarer que le marché est dépourvu d'effets dans deux cas :

– marché passé sans publication d'un AAPC ;

– marché passé soit en violation du délai de suspension de 10 ou 15 jours imposé par la directive entre la notification de la décision d'attribution aux candidats ou soumissionnaires et la conclusion du contrat, soit en méconnaissance de l'effet suspensif qui doit être attaché au recours portant sur la décision d'attribution du marché (art. 2 § 3).

Ces deux violations sont considérées, compte tenu de leurs conséquences sur la concurrence, comme les plus graves.

Mais il existe des degrés dans la gravité. La conclusion d'un marché de gré à gré est grave *per se*, alors que la méconnaissance de l'interdiction de conclure ne devient un motif obligatoire de suppression des effets que si, par ailleurs, « cette violation a privé le soumissionnaire intentant un recours de la possibilité d'engager un recours précontractuel lorsqu'une telle violation est accompagnée d'une violation de la directive 2004/18/CE, si cette violation a compromis les chances du soumissionnaire intentant un recours d'obtenir le marché ».

Un troisième cas est ajouté par l'article 2 *quinq*uies : il est obligatoire de rendre possible l'absence d'effets « dans les cas visés à l'article 2 *ter*, point c), deuxième alinéa, de la présente directive, lorsque des États membres ont invoqué la dérogation au délai de suspension pour des marchés fondés sur un accord-cadre ou un système d'acquisition dynamique ». Cette disposition est peu compréhensible par elle-même étant donné que le point c) mentionné ne comporte pas deuxième alinéa. Il semble qu'il faille comprendre que le cas visé est celui dans lequel le pouvoir adjudicateur qui conclut un accord-cadre a usé de la possibilité qui est offerte par l'article 2 *ter* de déroger dans trois cas, dont celui qui figure au point c), au délai de suspension et en profite pour conclure un marché subséquent sans respecter les règles de mise en concurrence imposées par l'article 32 de la directive. C'est en tout cas ce qu'ont compris les auteurs de l'ordonnance du 7 mai 2009, comme on va le voir.

II. LA TRANSPOSITION

A. UN NOUVEAU RÉFÉRÉ

L'ordonnance du 7 mai 2009 crée un nouveau référé, ce qui n'était pas obligatoire, car si les directives 89/665 et 92/16 imposent que les procédures soient « aussi rapides que possible », elles ne mentionnent le référé que pour le recours pré-contractuel. La transposition va donc à cet égard un peu au-delà des obligations.

Il en va de même, dans une proportion plus importante, en ce qui concerne le champ d'application matériel.

1) Contrats visés

L'ordonnance applique les nouvelles règles à l'ensemble des marchés concernés par les obligations communautaires, ce qui a contraint à dépasser largement le champ d'application du Code des marchés publics.

Pour supprimer les difficultés liées au décalage entre la définition du marché public que donne le Code des marchés publics et celle que donne la directive 2004/18 l'ordonnance donne une nouvelle définition des contrats concernés aussi bien par le référé pré-contractuel que par le référé contractuel : il s'agit des « contrats administratifs ayant pour objet l'exécution de travaux, la livraison de fournitures ou la prestation de services, avec une contrepartie économique constituée par un prix ou un droit d'exploitation, ou la délégation d'un service public ». Les contrats qui ne sont pas soumis au code, mais sont soumis à la directive, comme, par exemple, les contrats de travaux qui confient la maîtrise d'ouvrage à leurs titulaires, se trouvent donc désormais sans discussion susceptibles de référés pré-contractuel et contractuel.

Mais, le référé contractuel se voit assigner un champ d'application qui dépasse celui qu'impose la directive. En effet, comme le référé pré-contractuel depuis 1993, le nouveau référé contractuel est ouvert d'une part contre un marché public même si son montant est inférieur au seuil communautaire, d'autre part, contre les délégations de service public.

Et, tous les contrats visés par les directives ne sont pas des contrats administratifs, ce pourquoi l'ordonnance comporte des dispositions applicables aux « contrats de droit privé ayant pour objet l'exécution de travaux, la livraison de fournitures ou la prestation de services, avec une contrepartie économique constituée par un prix ou un droit d'exploitation ».

Devant le juge judiciaire le nouveau recours est nommé, ce qui n'est pas le cas du recours devant le juge administratif, selon l'article 11 de l'ordonnance, il s'agit d'un « recours en contestation de la validité du contrat ».

2) *Recevabilité*

Les conditions de recevabilité du recours sont calquées sur les dispositions de la directive : le juge du référé peut être saisi par les personnes qui ont intérêt à conclure le contrat et qui sont susceptibles d'être lésées par des manquements aux obligations de publicité et de mise en concurrence, ainsi que par le préfet. Il est ajouté que le demandeur qui a déjà déposé un référé précontractuel n'est, en principe, pas recevable à former un référé contractuel.

Le délai de recours n'est pas précisé ; il devait l'être par décret, dans le respect de l'article 2 *septies* de la directive.

La référence qui est faite pour la définition de la qualité pour agir aux obligations de publicité et de mise en concurrence pourrait donner à penser que toute violation de ces obligations peut être invoquée, comme dans le référé précontractuel, mais tel n'est pas le cas.

3) *Moyens invocables*

L'ordonnance ne va pas sur ce point au-delà des strictes obligations du droit communautaire ; le référé contractuel n'est ouvert que dans les trois cas d'illégalité mentionnés par la directive, étant indiqué qu'un de ces cas est celui de méconnaissance de l'effet suspensif dont est dorénavant doté le référé pré-contractuel, et cela quel que soit l'objet de la contestation, ce qui va au-delà des obligations communautaires, mais tire les conséquences du caractère systématique de l'injonction de ne pas signer.

Dans la définition des pouvoirs du juge l'ordonnance est aussi très proche de la directive.

4) *Pouvoirs du juge*

Le principe est que le juge du référé contractuel doit faire disparaître le contrat rétroactivement. Sans trop de cohérence l'article L. 551-18 du Code de justice administrative dispose à son premier alinéa que le juge « prononce la nullité du contrat » et à l'alinéa suivant que « l'annulation est prononcée » ; il ne faut probablement pas attacher d'importance à cette différence, l'important est que soit employé le verbe « prononcer » et non le verbe « déclarer », ce qui montre que le juge dispose d'une certaine latitude, qui lui est reconnue par la directive ; il ne se contente pas de dresser un constat de nullité.

5) *Survie du contrat illégal*

En effet, la directive et, après elle, l'ordonnance admettent que dans certains cas le contrat illégal peut survivre. Les conditions de ce maintien en vigueur sont strictement définies. Ces conditions sont assez largement empruntées à la jurisprudence de la CEDH en matière de validations législatives.

Il doit s'agir de raisons impérieuses d'intérêt général, lesquelles ne peuvent avoir un caractère économique que dans des circonstances exceptionnelles et, en tout état de cause, sans que les conditions à caractère économique puissent jamais être liées à l'objet du marché, ce qui veut dire que le coût d'une nouvelle procédure ou de l'indemnisation du titulaire n'est pas un des motifs de survie du contrat.

6) *Sanctions de substitution*

Et cette survie a un coût, elle doit s'accompagner de ce que la directive dénomme sanctions de substitution. La sanction de substitution vient compenser l'absence d'annulation ou l'absence d'annulation totale ; il s'agit de pénalités financières ou de la réduction de la durée du marché et il ne peut s'agir de dommages-intérêts.

L'ordonnance vient préciser que les restrictions relatives à la prise en compte des intérêts économiques ne concernent pas la délégation de service public, qui n'est pas visée en tant que telle par les directives recours, et elle prévoit que les pénalités financières, qui sont versées au Trésor, ne peuvent excéder 20 % du montant du contrat. Il n'est pas mentionné que les dommages-intérêts ne constituent pas des sanctions de substitution, mais, de toute façon, il résulte de l'article L. 551-16 du Code de justice administrative que des dommages-intérêts ne peuvent être demandés par la voie du référé contractuel.

L'idée de concilier légalité et sécurité juridique, qui est très présente dans la jurisprudence *Tropic Travaux* n'est donc pas étrangère au nouveau recours, mais l'équilibre est très différent dans les deux cas.

B. QUE RESTE-T-IL ALORS DE LA JURISPRUDENCE TROPIC TRAVAUX ?

Il résulte des conclusions de Didier Casas qu'un des objectifs de l'arrêt *Tropic Travaux* a été de répondre aux exigences de la directive 2007/66 et c'est globalement le cas puisque l'arrêt crée un recours permettant de faire annuler le contrat à la demande du concurrent évincé dans un délai raisonnable de deux mois. L'arrêt va même au-delà des exigences de la directive puisqu'à l'appui du recours tout moyen d'illégalité peut être invoqué.

Mais, à la différence de la directive, l'arrêt *Tropic Travaux* ne fait pas de l'annulation la sanction de principe ; au contraire, le juge doit d'abord chercher à préserver le contrat : « il lui revient, après avoir pris en considération la nature de l'illégalité éventuellement commise, soit de prononcer la résiliation du contrat ou de modifier certaines de ses clauses, soit de décider de la poursuite de son exécution, éventuellement sous réserve de mesures de régularisation par la collectivité contractante, soit d'accorder des indemnisations en réparation des droits lésés, soit enfin, après avoir vérifié si l'annulation du contrat ne porterait pas une atteinte excessive à l'intérêt général ou aux droits des cocontractants, d'annuler, totalement ou partiellement, le cas échéant avec un effet différé, le contrat ». L'annulation n'est donc qu'une solution ultime, alors que dans la procédure de référé contractuel, elle constitue la solution de principe.

Les deux recours se rejoignent par la recherche d'une conciliation entre légalité et sécurité, mais, sur ce point aussi des différences importantes existent. D'après la directive, comme on l'a vu, l'instance de recours peut limiter la portée de l'annulation aux obligations qui doivent encore être exécutées (ce que l'ordonnance a traduit par résiliation) ou, même, ne pas considérer que le marché est dépourvu d'effets, si son maintien s'impose pour des raisons impérieuses d'intérêt général. La jurisprudence *Tropic Travaux* est plus accommodante, puisqu'elle admet le maintien du contrat en cas d'une atteinte excessive à l'intérêt général, ce qui est moins rigoureux que motif impérieux d'intérêt général et elle admet ce maintien s'il y a atteinte excessive aux droits des cocontractants, ce qui relève du motif économique non admis selon la directive.

Ces divergences entre le référé contractuel et le recours créé par l'arrêt *Tropic Travaux* ne doivent pas amener à considérer que le recours d'origine jurisprudentielle est condamné. Ce recours devrait rester ouvert aussi bien contre les contrats soumis à l'ordonnance que contre ceux qui ne le sont pas, comme, par exemple les contrats d'occupation du domaine public, mais aussi contre les contrats relevant de l'ordonnance au moins dans les cas où le recours est fondé sur un moyen d'illégalité autre que ceux qui peuvent fonder le référé contractuel. Et, la question reste ouverte de l'ouverture éventuelle du recours *Tropic Travaux* à des tiers autres que le concurrent évincé.

CONTRIBUTIONS AU DÉBAT

M. Jean-Claude Colliard, président de l'Université Paris I (Panthéon-Sorbonne)[1] – La question évidemment qui m'intéresse beaucoup est la question du juge administratif face à la question préjudicielle de constitutionnalité. Il m'arrive de rompre quelques lances avec le Conseil d'État, c'est pour dire toute l'admiration que j'ai pour cette institution et une admiration mêlée de crainte devant la place imminente qu'elle a dans l'ensemble de notre construction juridique.

La question de la place du Conseil constitutionnel n'est pas sans lien, pour user de la double négation qui nous est chère, n'est pas sans lien avec le rôle que lui laisse, ou avec le rôle, la manière avec laquelle il s'organise avec le Conseil d'État. Nos institutions sont très proches, ce n'est pas un hasard et je crois que c'est extrêmement nécessaire si le secrétaire général du Conseil constitutionnel est toujours un membre et un membre des plus éminents du Conseil d'État et nos jurisprudences convergent ou parfois mais très rarement divergent. J'attends avec intérêt des situations qui peuvent se trouver dans des espèces de corner du droit.

Un jour un texte frappé d'un avis positif du Conseil constitutionnel sera censuré par une décision du Conseil d'État, cela peut arriver notamment en matière électorale et ce sera assez curieux mais en attendant nous avons, je dis nous mais en attendant je n'y suis plus, mes successeurs et vous-même cher Président, avez à construire ensemble cette nouvelle procédure. Alors faut-il parler de question préjudicielle ? Je sais que Michel Verpeaux est très attaché à cette appellation, faut-il parler d'exception, je pense que ce sera un des thèmes de la journée. C'est très passionnant de voir se construire une nouvelle procédure dont on ne sait pas bien à l'avance si elle sera importante ou si elle ne le sera pas. Tout ça va

1. Ces propos ont été tenus par le président de l'Université dans son allocution en ouverture du colloque.

dépendre, du texte de la loi organique qui est actuellement en discussion et de la pratique et notamment du rôle des juges.

Je pense notamment que cela va dépendre du rôle des trois juges, qui est loin d'être prédéterminé, le juge du fond, qu'il soit administratif ou judiciaire, le juge ensuite de renvoi c'est-à-dire le Conseil d'État ou la Cour de cassation, et évidemment le Conseil constitutionnel lui-même.

Sur le premier, la grande question, qui, je crois, a été un grand débat dans l'écriture de la loi organique et peut-être sera encore un grand débat dans l'écriture parlementaire de la loi, c'est de savoir quelle est la place respective de cette exception d'inconstitutionnalité et de l'exception d'inconventionnalité car les corpus de référence étant assez proches, si le juge du fond peut se saisir de l'exception d'inconventionnalité qu'il a l'habitude de pratiquer depuis longtemps – le Conseil d'État lui a reconnu ce droit après la Cour de cassation – qui lui permet de régler lui-même le problème sans le renvoyer, il risque d'être très tenté de le faire et je crois que c'est ce qui s'est passé notamment dans d'autres pays qui ont eu des systèmes voisins du nôtre, comme la Belgique, où l'on s'est aperçu au bout d'un certain temps qu'il n'avait plus beaucoup de place.

La question de la priorité de l'examen de ces deux questions est donc tout à fait fondamentale. Personnellement je suis assez favorable à la solution du projet de loi actuel. Est-ce qu'il sera bouleversé par la discussion parlementaire, je pense que la discussion parlementaire se fera sur la nouvelle procédure où le texte de la loi organique est réécrit par la commission. Est-ce que cette commission sera soumise à des intentions ? Ce sera un débat tout à fait intéressant.

Le second point concerne le juge de renvoi et là, j'avoue une toute petite inquiétude et, si le vice-président me le permet, je vais essayer une petite taquinerie sur le Conseil d'État, car je crois que la tentation sera plus forte pour le Conseil d'État que pour la Cour de cassation.

Est-ce que le juge de renvoi va transmettre au Conseil constitutionnel sur un mode interrogatif ? C'est-à-dire, « écoutez, on nous dit que cette question est inconstitutionnelle, nous on ne sait pas très bien, c'est à vous de le dire ». Ou est-ce qu'il va transmettre sur un mode plus incitatif, en disant « on nous dit que cette question est inconstitutionnelle, il nous semble effectivement qu'elle l'est pour telle ou telle raison mais la dureté des temps fait que c'est à vous de le dire et non pas à nous ».

Je pense que cette question du mode de renvoi et de la précision dans des indications qui motivent ce renvoi va être très importante.

Ce qui amène à la troisième question c'est-à-dire au rôle du juge constitutionnel. Va-t-il se sentir tenu par les conditions de renvoi du juge, Conseil d'État-Cour de cassation, ou va-t-il avoir la tentation d'élargir quelque peu sa saisine, c'est-à-dire de dire bien sûr c'est inconstitutionnel pour telle ou telle raison mais cela l'est aussi pour ceci et cela. Je pense que là, il y a une construction d'un système un peu comparable à la saisine d'office sur le renvoi qui est quelque chose à méditer.

Moi qui ai mauvais esprit, si j'avais été encore là, j'aurais expliqué au Conseil constitutionnel qu'il ne pouvait exister que s'il dépassait le cadre de la saisine qui lui était proposé. Je ne sais pas si cette idée sera suivie mais enfin, je fais confiance au Conseil pour pouvoir s'affirmer.

M. Jean-Marc Sauvé, vice-président du Conseil d'État – Le Président Colliard a évoqué la dureté des temps qui priverait le Conseil d'État de la capacité de se prononcer sur la conformité des lois à la Constitution.

Je n'ai besoin de rappeler à personne, dans cette salle, que pressé par la doctrine, notamment par le Doyen Hauriou, le Conseil d'État, en novembre 1936, de manière extrêmement solennelle, alors que de savants commentateurs montraient que différents arrêts, notamment l'arrêt *Heyriès* mais pas uniquement, lui avaient permis déjà en fait d'exercer une forme de contrôle de conformité des lois à la Constitution de 1875, a décliné l'exercice de cette compétence en se fondant peut être sur l'état actuel du droit public, donc en réservant le fait qu'un autre état du droit public puisse le conduire à une autre solution.

Et je crois qu'en janvier 2005, et là je parle sous le contrôle du président des sous-sections réunies d'alors, dans l'arrêt *Mlle Deprez et M. Baillard*, le Conseil d'État a confirmé de manière tout à fait solennelle, la jurisprudence *Arrighi,* en montrant à quel point justement, la Constitution, l'existence d'un Conseil constitutionnel, la compétence qui est la sienne en matière de contrôle de constitutionnalité des lois, excluaient qu'il puisse s'immiscer dans ce champ.

Donc, et ceci relié au respect par le Conseil d'État de la suprématie de la loi, qui est la raison fondamentale pour laquelle le Conseil n'est entré dans le contrôle de conventionnalité que très tardivement, en 1989, c'est-à-dire 14 ans après la Cour de cassation, explique que nous ne considérons pas que les temps sont durs.

S'agissant maintenant des questions préjudicielles, on sait que des jugements prononcés à la suite du renvoi par une juridiction judiciaire de telles questions à la juridiction administrative relèvent de la compétence d'appel du Conseil d'État. Le recours provoqué par ce renvoi appelle évidemment un règlement à la fois définitif et rapide. Si la loi de 1987 n'avait maintenu cette compétence que pour les jugements sur renvoi en appréciation de légalité, elle a été étendue à tous les jugements sur renvoi préjudiciel.

Au lieu d'un transfert de l'appel des jugements rendus par les tribunaux administratifs en la matière ou cours d'appel qui ralentirait la procédure, il paraît plus intéressant de penser à la rénovation de cette procédure en parallèle dans les deux ordres de juridictions.

Il serait d'abord utile que le juge auteur d'une question préjudicielle saisisse lui-même le juge compétent de l'autre ordre de juridictions, comme il le fait pour une question posée à la Cour de justice des Communautés européennes. Monsieur le Président nous avons une expérience des questions préjudicielles.

M. Jean-Claude Colliard, président de l'Université Paris I – C'est bien ce qui m'inquiète !

M. Jean-Marc Sauvé, vice-président du Conseil d'État – Il fut un temps, mais il ne faut pas rester prisonnier des images du passé, il y a toujours un certain retard en réalité de la conscience des choses par rapport à leur évolution, il fut un temps où le nombre de questions préjudicielles posées par le Conseil d'État était annuellement un nombre entier, inférieur ou égal à un. Ceci a duré environ un quart de siècle. Je constate que le Conseil d'État ne pose pas moins de questions préjudicielles à la Cour de Justice des Communautés européennes que la Cour de Cassation.

M. Jean-Claude Colliard, président de l'Université Paris I – Vous êtes arrivés à 7 me semble-t-il.

M. Jean-Marc Sauvé, vice-président du Conseil d'État – Exactement, exactement, et si je rapporte ces questions préjudicielles au nombre d'affaires traitées, je pense que le ratio est extrêmement élevé, il est au moins trois fois supérieur à celui de la Cour de cassation. Et j'ajoute que nous posons des questions préjudicielles, toujours éclairées, en tout cas, je l'espère, mais aussi toujours ouvertes et disponibles. La question que l'on a posée dans l'affaire *Arcelor* nous est revenue avec une décision de la Cour de justice qui a dit que le principe d'égalité n'était pas méconnu par la directive communautaire sur la répartition des quotas de gaz à effet de serre.

Pour revenir à mon sujet, on gagnerait aussi un temps précieux à ne pas laisser les parties et leurs conseils, errer à la recherche du juge compétent ou tout simplement négliger de le saisir, ce qui arrive trop souvent. Il serait également bénéfique, dans un souci de rapidité, que dans les deux ordres de juridiction, le tribunal administratif ou le tribunal de grande instance statue en premier et dernier ressort sous le contrôle de cassation, du Conseil d'État d'un côté ou de la Cour de Cassation de l'autre, alors que dans l'ordre judiciaire, il y a première instance, appel et cassation.

Cette réforme qui devrait être complétée aussi par une réforme de la saisine du Tribunal des Conflits sur laquelle je me suis exprimé dans une autre enceinte, prendrait j'y insiste, tout son sens, si elle se mettait en œuvre simultanément dans les deux ordres de juridiction, ce qui nous a conduits évidemment à en parler avec la Cour de cassation.

Je n'évoque pas le référé-liberté et la justification de la compétence d'appel du Conseil d'État sur les ordonnances du juge du référé-liberté, il est important pour ces contentieux sensibles que les affaires soient réglées d'une part très rapidement, il faut qu'un juge puisse se prononcer pas seulement sur les questions de droit mais aussi de droit et de fait.

Peu de changements affectent les juridictions spécialisées, je n'ai pas le temps de m'étendre et je voudrais dire quelques mots en terminant sur la répartition du contentieux au sein de chaque niveau de juridiction, notamment c'est toute la problématique de la collégialité et du juge unique. Nous assistons depuis maintenant une vingtaine d'années, à une hiérarchisation des formations de jugement en fonction de la difficulté et des enjeux des affaires traitées.

Au Conseil d'État, il y avait historiquement trois formations : l'Assemblée qui a connu des compositions variables, parfois extrêmement réduites, aujourd'hui l'Assemblée a enfin retrouvé un effectif conforme à son rang dans la hiérarchie des formations de jugement, la section du contentieux et les sous-sections réunies.

Deux évolutions très substantielles ont eu lieu, d'une part la création de la sous-section jugeant seule, qui pourrait d'ailleurs s'appeler la chambre jugeant seule qui doit comprendre trois membres et non plus cinq ainsi que le prévoyait le décret du 10 janvier 1980.

Cette formation, la sous-section jugeant seule a connu des débuts laborieux et a été regardée avec suspicion. Mais cette formation de jugement rend désormais près de 43 % des décisions du Conseil d'État, hors ordonnances du Président de la section du contentieux et notamment les décisions de non-admission des pourvois en cassation. Aujourd'hui, les sous-sections réunies, qui étaient les formations de base ne tranchent plus que 18 % des affaires, c'est-à-dire 1 400 affaires en 2008.

La deuxième évolution au Conseil d'État a été la possibilité de rejeter par ordonnance ou de ne pas admettre par ordonnance certains pourvois. En 2008, 39 % des affaires ont été réglées de cette manière. Cette méthode consistant à hiérarchiser le traitement des affaires en fonction de la difficulté permet de tenir compte de la diversité des enjeux des affaires et elle permet corrélativement d'investir un temps croissant dans le traitement des affaires les plus difficiles, les plus délicates qui sont appelées à faire jurisprudence et c'est une évolution absolument fondamentale dont il est vraiment important que l'on mesure aujourd'hui toute la portée. Et il en va de même dans les tribunaux administratifs et les cours administratives d'appel où les possibilités de rejet par ordonnance ont été sensiblement accrues depuis 2000. Ces rejets ou ces décisions prises par ordonnance représentent devant les tribunaux administratifs environ un tiers des affaires ; dans les cours d'appel, cette proportion est moindre mais elle est tout à fait significative.

M. Charles-Louis Vier, avocat au Conseil d'État et à la Cour de Cassation – Maître Vier attire l'attention sur le risque d'erreur lié à la possibilité que certaines affaires ne soient traitées que par un juge unique, lorsque le tribunal administratif s'étant prononcé en premier et dernier ressort et un pourvoi en cassation ayant été formé, celui-ci fait l'objet d'un rejet par ordonnance au stade de la procédure d'admission des pourvois.

M. Jean-Marc Sauvé, vice-président du Conseil d'État – L'une des premières décisions que j'ai prises en ce qui concerne le traitement du contentieux administratif, c'est le choix de la collégialité pour le contentieux des refus de séjour assortis d'une obligation de quitter le territoire français. Ce choix ne procédait pas tant du mouvement social qui a eu lieu dans la juridiction administrative, du moins pas uniquement, que du fait que, dans mon propre parcours administratif, j'ai eu à traiter de dossiers individuels relatifs aux étrangers.

J'ai en effet traité chaque semaine, pendant presque six ans, plus de cinquante dossiers relatifs à la situation individuelle de ressortissants étrangers, puisqu'il me revenait de me prononcer, notamment, sur la nécessité ou non de procéder à leur expulsion pour des motifs liés à l'ordre public, mais aussi sur des questions d'admission au séjour de demandeurs d'asile déboutés, notamment à la suite de différents mouvements collectifs, ou parce ce que nous étions saisis de recours hiérarchiques sur lesquels je devais me prononcer. J'ai donc une expérience du contentieux des étrangers, certes essentiellement administrative, mais elle m'a fait prendre conscience de ce que, si les questions que posent ces dossiers ne sont pas toujours d'une grande complexité juridique, il est essentiel de conserver à l'esprit que le dossier « papier » est le reflet d'une situation humaine délicate, et même souvent douloureuse. La responsabilité du décideur, dans ce cas, et du juge en particulier, est suffisamment importante pour être partagée entre plusieurs personnes. Il n'est pas question, et il ne l'a jamais été d'ailleurs, de remettre en cause la collégialité pour le jugement des refus de séjour assortis d'une obligation de quitter le territoire. Je tiens à le souligner. Je ne veux pas, par principe, en première instance, sauf dans les cas de reconduite à la frontière, pour des raisons que l'on connaît et qui sont incontournables, que le contentieux des étrangers soit traité par un juge unique.

M. Serge Slama, maître de conférences en droit public à l'Université Evry-Val-d'Essonne – Sans vouloir remettre en cause l'ensemble de la réforme – remarquable sur énormément d'aspects – vous n'êtes pas sans ignorer, Monsieur le vice-président, qu'il y a un autre mouvement social le 4 juin – des magistrats administratifs dont les syndicats appellent à la grève[2] – sur les deux derniers points sur lesquels vous avez insistés (suppression du rapporteur public dans certains contentieux, passage en juge unique des quasi-séries).

Trois courtes observations, la première en réaction à vos propos et les deux autres par rapport aux motifs de contestations –

2. Quelques jours après le colloque, suite à une lettre adressée le 20 mai par Jean-Marc Sauvé aux magistrats administratifs, le conseil syndical du Syndicat de la juridiction administrative renoncera à la grève (S. Brondel, « Le SJA renonce à son mot de grève, pas l'USMA », *AJDA* 2009, p. 1074).

que je partage largement – de certains aspects de la réforme initiée :

– D'abord, sur la « double peine » – selon l'appellation développée par les associations – que la réforme « Sarkozy » de 2003 a fait passer d'environ 6 000 interdictions du territoire français par an à 4 à 5 000. Donc elle n'a pas été « abolie » – même si la loi a incontestablement amélioré certaines situations en développant les catégories protégées.

– Ensuite, sur le décret du 23 décembre 2006[3] : merci d'avoir sauvegardé la collégialité lorsque vous avez été nommé dans vos fonctions. Effectivement le législateur avait laissé la question en suspens dans la loi du 24 juillet 2006 renvoyant – implicitement – au décret. Saisi du grief, le Conseil constitutionnel a validé la disposition[4].

Le décret a sauvegardé la collégialité et heureusement pour ce contentieux qui pose énormément de difficultés humainement. Néanmoins, le décret du 23 décembre 2006[5] a prévu des ordonnances, normalement pour un usage très limité. L'on prévoyait que 5 % du contentieux général et 15 % du contentieux des étrangers seraient traités par ordonnance. Or, on constate que dans certains tribunaux administratifs, certains mois, le taux d'ordonnance de « tri » a pu dépasser les 50 % dans le contentieux des étrangers. Sur l'ensemble de l'année, le taux doit atteindre le tiers[6]. Mais à certains moments, je pense qu'il y a des abus d'ordonnances à certains endroits : des avocats évoquent des cas de dossiers « triés » en première instance et donnant lieu à une annulation en appel.

– Enfin, effectivement il n'y aura pas de juge unique en contentieux du séjour des étrangers, mais il y aura la possibilité de suppression par décret dans certains contentieux – sauf si vous y

3. V. M.-A. Cohendet, « Vers une généralisation du juge unique ? », *AJDA* 2006, p. 1465.

4. Conseil constitutionnel, n° 2006-539 DC du 20 juillet 2006 *Loi relative à l'immigration et à l'intégration.*

5. Le décret avait été contesté devant le Conseil d'État (CE, 11 juill. 2007, *USMA et Gisti*, *AJDA* 2007, p. 1442).

6. Dans un courrier du 6 juillet 2009 à Vanina Rochiccioli (présidente d'Avocats pour la défense des droits des étrangers), l'ancienne présidente du tribunal administratif de Paris, Anne Guérin, indique pour le contentieux des refus de séjour assortis d'OQTF un taux de 29,87 % (1604 ordonnances) dont 9,18 % de R. 222-1, 7° (491 ordonnances) en 2008 contre 24,51 % (1019) en 2007.

renoncez[7] – du rapporteur public selon « *l'objet du litige ou la nature de la question* ». Or, dans le contentieux des étrangers, ce « double regard » me semble indispensable sur des dossiers très difficiles humainement d'autant que ce contentieux peut poser des problèmes de droit complexe, le Conseil d'État a rendu – je crois – 10 avis sur une question de droit ces deux dernières années. Ce contentieux dit non complexe, pose donc souvent des questions de droit complexes dès lors qu'on se donne la peine de « creuser » les dossiers. Les 100 arrêts *Gisti* en 30 ans en témoignent.

Avec ces deux projets de réforme, on peut arriver à une augmentation de 20 % du contentieux non traité par des formations collégiales avec rapporteur public. Vous dites qu'il y a déjà 30 %, c'est une évolution qui est inquiétante dans la juridiction administrative. Donc il y a bien des problèmes par rapport à ces deux aspects-là – sans remettre en cause l'ensemble de la réforme.

M. Jean-Marc Sauvé, vice-président du Conseil d'État – Il y a effectivement un mouvement social à l'heure actuelle dans la juridiction administrative, dont les lecteurs des revues juridiques ont été informés, à l'occasion de tel éditorial récent[8]. Mais il est normal – je dirais même essentiel – que les réformes soient accompagnées de débats. Il ne peut y avoir un accord unanime sur le tout. Je relève néanmoins que les points de désaccord sont très circonscrits par rapport à l'ensemble des réformes qui, pour une part très substantielle, sont parfaitement comprises et acceptées. Je ne regrette pas et j'assume complètement l'existence de ces quelques points de désaccord avec les organisations professionnelles. Je relève d'ailleurs que, sur ces points qui font encore litige, le débat et la discussion se poursuivent. Je suis plus que réservé, en revanche, sur le chiffre de 50 % d'ordonnances rendues par certains tribunaux administratifs en matière de contentieux des étrangers que vous évoquez. Cela me paraît impossible.

---

7. Dans la lettre du 20 mai adressée aux magistrats le vice-président indique que l'ensemble des dossiers continueront en définitive à être transmis au rapporteur public. Il appartiendra à ce dernier de forger son opinion sur chacun d'entre eux et de décider, en concertation avec le rapporteur et le président de la formation de jugement s'il y a lieu de prononcer, ou non, des conclusions (v. S. Slama, « Grève de la juridiction administrative du 4 juin : le SJA la suspend, pas l'USMA », *Blog Combats pour les droits de l'homme*, 4 juin 2009) Par ailleurs il indique renoncer à la réforme des « quasi-séries » (identité de droit mais pas de fait) car cette difficulté sera résolue avec la mise en œuvre de l'action collective (voir Paul Cassia, *supra*).

8. A. Barlerin, président de l'USMA, « Tensions juridictionnelles », *AJDA* 2009, p. 1273.

Quant au débat sur la nécessité de conclusions du rapporteur public en la matière, il était un peu, par nature, extérieur au champ de mon propos. Il est exact que c'est sur cette question que se cristallise le désaccord entre le secrétariat général de la juridiction administrative et les organisations professionnelles. Il faut que le débat et le dialogue se poursuivent. Je suis pour ma part toujours disposé à trouver un terrain d'entente.

En ce qui concerne le nombre de demandes d'avis contentieux transmises par les tribunaux administratifs au Conseil d'État, je crois que ce phénomène est fortement lié aux changements de législation. Tout changement de législation implique qu'un certain nombre de questions de principe doivent être tranchées. Cela peut se faire par le biais du déroulement normal de la procédure contentieuse – première instance, appel, cassation –, mais également par le biais des demandes d'avis contentieux. Je ne crois pas que le nombre des demandes d'avis reflète nécessairement la complexité juridique des affaires soumises aux tribunaux administratifs. Ceci étant dit, l'objet des réformes en cours, en ce qui concerne le rapporteur public, n'est pas de supprimer son intervention dans la totalité des affaires relatives au contentieux des étrangers. Il s'agit au contraire de lui permettre de ne prononcer ses conclusions que sur les affaires qui posent une question de droit et qui appellent spécifiquement son intervention.

M. Rémi Rouquette, avocat à la Cour – Je voulais poser une question relative à la suppression de l'appel en matière de fonction publique et notamment j'ai le sentiment qu'on est allé un peu trop loin en ce qui concerne au moins un secteur qui est le problème des accidents de service. Les accidents de service, c'est quelque chose où il y a beaucoup d'appréciation de faits.

On a souvent l'impression que les fonctionnaires, notamment dans le secteur hospitalier sont assez mal traités par leurs employeurs et il me semble à cet égard que la suppression de l'appel est assez redoutable, d'autant plus que l'évolution de l'état de santé fait que la situation peut changer. Et n'avez-vous jamais envisagé de revenir un peu sur la suppression de l'appel dans ce secteur de la fonction publique où c'est allé très loin, alors que dans des contentieux, à mon sens moins important, il y a toujours des possibilités de faire appel.

M. Jean-Marc Sauvé, vice-président du Conseil d'État – Au risque de vous surprendre, je vous dirai que, à mes yeux, sur ces questions de répartition des compétences entre collégialité et juge unique, rien n'est définitif et tout doit être constamment regardé, évalué et apprécié. Je n'ai nullement pour objectif de transformer radicalement toute collégialité en juge unique. Au contraire même, je suis convaincu que nous disposons aujourd'hui sur les évolutions introduites par le décret du 24 juin 2003 d'un recul suffisant pour déterminer si et dans quelle mesure le raisonnement qui avait été fait à l'époque, consistant à considérer qu'un certain nombre de contentieux étaient par principe simples et devaient être transférés à un juge unique, conserve encore toute sa pertinence. Je ne considère pas que les transferts de compétence entre formation collégiale et juge unique doivent nécessairement se faire à sens unique.

À cet égard, d'ailleurs, je crois que le sujet que vous soulevez ainsi que Maître Vier, qui concerne le couplage entre juge unique statuant en premier et dernier ressort et ordonnances, mérite réflexion. Je ne dis pas que la solution actuellement retenue doive nécessairement être rejetée, mais il y a là, encore une fois, matière à réflexion. Si je ne l'ai pas mentionné dans mon exposé, c'est tout simplement parce que je crois que cette réflexion est, à l'heure actuelle, encore insuffisamment aboutie, mais je tiens encore à le souligner, la réforme est, selon moi, un processus constant, une méthode et un questionnement permanent, y compris sur la validité et la pertinence de ce qui a été fait. Le recours aux ordonnances en cassation doit, dans le cas que vous avez soulevé, être strictement circonscrit.

M. Jean-Marc Le Gars, président de la Cour administrative d'Appel de Lyon – Vous avez beaucoup parlé et il y a eu quelques questions sur la question préjudicielle de constitutionnalité qui a été instituée et plus particulièrement par le président de l'Université. Il ne faudra pas tout de même oublier que les tribunaux administratifs et les cours administratives d'appel posent beaucoup de questions préjudicielles à la Cour de justice. Je citerai quelques exemples, lorsqu'il s'agissait de vérifier la compatibilité de la réglementation française en matière de chasse aux oiseaux migrateurs, c'est un tribunal administratif qui a posé la question. Lorsqu'il s'est agi de faire déclarer la taxe sur les viandes, il n'y a pas si longtemps et cela a a quand même coûté très cher à l'État français, non conforme au traité de Rome, c'est une cour administrative qui a posé la question préjudicielle également à la Cour de Justice. Donc il faudrait dans cette comptabilité, tenir compte de toutes ces questions qui à une époque, étaient peut-être plus nombreuses que celles du Conseil d'État effectivement.

M. Jean-Marc Sauvé, vice-président du Conseil d'État – Ce point est extrêmement important, et je vous remercie de l'aborder. Lorsque l'on évoque la construction d'un ordre administratif, aujourd'hui composé de 50 juridictions, se pose la question de l'unité et de la cohérence de la jurisprudence, qui sont deux éléments essentiels de la sécurité juridique. Mais cette unité et cette cohérence ne doivent pas faire oublier la diversité des juridictions qui composent cet ordre et l'importance de chacune prise individuellement. On a trop souvent tendance à considérer que seul le Conseil d'État poserait ou devrait poser des questions préjudicielles. Il ne faut pas oublier, pourtant, que sur un certain nombre de sujets, en particulier lorsqu'il s'agit d'appliquer pour la première fois une législation nouvelle, les juges du fond – tribunaux administratifs et cours administratives d'appel notamment – sont bien souvent en première ligne à la fois pour proposer des interprétations de la loi, mais aussi des évolutions ou des modifications de la jurisprudence. Cela est tout à fait légitime et sain.

M. Laurent Richer, professeur à l'Université Paris I – Comme il va y avoir certainement une question sur le point de savoir ce que vous pensez des perspectives de suppression de l'intervention du rapporteur public dans les mois à venir, je vous pose la question tout de suite.

M. Jacques Arrighi de Casanova, président-adjoint de la Section du contentieux du Conseil d'État – Je vais y répondre sans y répondre : la question se pose aujourd'hui dans des termes différents que la même question que j'ai connue dans une vie antérieure il y a vingt ans et plus : il s'agissait de savoir s'il fallait envisager que certaines affaires ne soient plus jugées à trois plus un commissaire, c'est-à-dire à quatre. Depuis lors, beaucoup de choses ont été faites, la reconduite à la frontière notamment, dont beaucoup pensaient que cela ne marcherait pas, qu'un seul juge non éclairé par un commissaire ne pourrait statuer sur des choses aussi délicates. Pareil avec les ordonnances de référé. La question n'est pas de savoir si c'est envisageable mais si on doit le faire, c'est-à-dire si on doit aller au-delà de ce qu'on fait déjà. Ma seule conviction à cet égard, et je peux le dire car j'ai eu l'occasion de l'écrire, c'est que je crois qu'on ne peut plus trop le faire par décret car on touche quand même aux règles constitutives essentielles, telles qu'elles sont définies dans la partie législative du Code de justice administrative qui ouvre certes des possibilités de dérogation, mais il y a un certain moment où, si la dérogation l'emporte sur la règle, on méconnaît la volonté du législateur. Je crois donc que si on voulait aller plus loin – et à supposer que ce soit opportun, ce sur quoi je me garderai bien de me prononcer – je crois qu'il faut le faire d'une main tremblante et en tout cas ce serait peut-être périlleux d'ajouter de nouveaux cas de règlement d'affaires par simple ordonnance, sans rapporteur public…

M. Laurent Richer, professeur à l'Université Paris I – On dénaturerait la juridiction administrative

M. Jacques Arrighi de Casanova, président-adjoint de la Section du contentieux du Conseil d'État – On toucherait aux règles constitutives essentielles dans des conditions telles – je crois que c'est le professeur Moreau qui avait écrit dans les *Mélanges de Laubadère* quelque chose de très savant sur la notion de règle constitutive des ordres de juridiction – qu'on y toucherait « au point de remettre en cause la catégorie de juridiction dont les règles essentielles sont définies par le loi ».

M. Serge Slama, maître de conférence en droit public – Juste deux interrogations : je me demande si la catastrophe n'est pas à venir sur le rapporteur public, si le pire n'est pas devant nous puisqu'il y a une affaire – l'affaire *UFC Que choisir de Côte d'Or* – qui remet en cause quelque chose de bien plus central dans le procès administratif, à savoir la transmission du projet de jugement et du rapport du rapporteur au rapporteur public alors qu'il n'est pas accessible aux parties. Et si c'est condamné, si c'est contraire au droit à un procès équitable, tout le système s'effondre et on ne voit pas comment le rapporteur public pourrait faire lui-même une instruction sur l'ensemble des dossiers alors que devant certains TA il peut y avoir une soixantaine de mémoires. Comment le système pourrait fonctionner s'il y a une condamnation sur ce point ?

Deuxième point moins important on va dire. Devant le Tribunal des conflits, d'abord le commissaire du gouvernement existe toujours, mais c'est anecdotique, mais deuxième problème, le garde des Sceaux peut départager le litige. Dans certaines affaires, on l'a vu en 1997, le départage a des conséquences directes sur le droit à un recours effectif…

M. Jacques Arrighi de Casanova, président-adjoint de la Section du contentieux du Conseil d'État – Je ne sais pas s'il est possible de répondre brièvement à ces questions. Je crois que non donc je ne répondrai pas entièrement faute de pouvoir répondre longuement.

Sur le premier point je dirais simplement que le pire n'est jamais sûr. En cas de *« Slimane Kaïdisation »* – , pour employer un affreux néologisme qui plane depuis l'arrêt *Slimane Kaid* de la même Cour (qui a condamné le système du parquet de la Cour de cassation tel qu'il fonctionnait auparavant dans des conditions après tout très proches à ceci près qu'au stade des apparences c'est un parquet hiérarchisé, outre la dimension particulière qu'il peut avoir en matière pénale…) – ce serait très compliqué, tellement compliqué que j'ai du mal à envisager des solutions. Vous avez raison de poser le problème et de mettre en évidence la difficulté qu'il y aurait le cas échéant à résoudre le problème qui serait ainsi posé. Pour moi, une telle évolution ce serait une erreur gravissime. Mais on verra bien et si l'affaire dont vous parlez est résolue comme cela, on avisera.

Sur le Tribunal des conflits, cela nous amènerait un peu loin. Il se trouve que je l'ai fréquenté, notamment dans l'affaire en question qui était la dernière en date, la onzième je crois, où le garde des Sceaux est venu départager. Je vous laisse la responsabilité de l'appréciation que vous portez. C'est un tout autre débat… le garde des Sceaux n'est peut être pas la bonne solution mais qui alors ?

M. Laurent Richer, professeur à l'Université Paris I – Nous avons fait un colloque sur le Tribunal des conflits.

M. Jacques Arrighi de Casanova, président-adjoint de la Section du contentieux du Conseil d'État – Oui un autre colloque qui a eu lieu il n'y a pas si longtemps. Et concernant le commissaire du gouvernement, oui il n'a pas changé, il s'appelle toujours ainsi au Tribunal des conflits car il n'y avait pas d'urgence à le changer et d'ailleurs la demande de déclassement faite au Conseil Constitutionnel ne visait pas le Tribunal des conflits.

M. Remi Rouquette, avocat à la Cour – Je voudrais soulever un autre problème, celui des délais à rebours et d'un certain nombre d'autres délais où le samedi et le dimanche ne comptent pas. L'information donnée sur Sagace le vendredi soir à 18 heures pour une audience le lundi matin à 9 heures et des délais de clôture d'instruction automatique de 3 jours à rebours conduisent lorsque l'audience tombe un lundi à priver du temps utile pour un éventuel ultime mémoire ou pour une dernière préparation. Je crois qu'il y a là un problème à la fois pratique et juridique et qu'il n'est pas tenu compte de la réalité du travail des cabinets d'avocats qui, en général, ne travaillent pas le dimanche et même rarement le samedi. Je crois donc qu'il y a une mauvaise prise en compte des jours non ouvrés dans les procédures ou dans la pratique de l'information préalable sur Sagace.

M. Jacques Arrighi de Casanova, président-adjoint de la Section du contentieux du Conseil d'État – Le compte à rebours : le système que vous décrivez existe depuis douze ans je crois (il était issu d'un décret de mai 1997) et fait partie potentiellement de nos sujets même s'il n'en est pas un directement mais vous avez raison de poser le problème.

Quant aux délais à rebours, j'évoquais prudemment la question de savoir comment concilier au mieux les possibilités matérielles pour les juridictions de donner des informations et pour ceux à qui il incombe de fournir le sens de leurs conclusions et les intérêts pratiques des justiciables. Ma voisine qui pratique cela en première ligne est peut-être plus à même d'en parler que moi qui ne le pratique plus directement.

Mme Pearl Nguyen-Duy, rapporteur public au tribunal administratif de Paris – Oui je voudrais juste ajouter quelque chose sur ce délai de 48 heures que l'on vient d'apprendre il y a un mois à peine et dire qu'il faut laisser le temps aux juridictions de s'organiser. Toutes les séances d'instruction avaient lieu deux jours avant l'audience, il va donc falloir revoir en interne toute notre organisation et vous imaginez bien que pour nous, commissaires, c'est un peu difficile surtout que parfois un jour avant l'audience notre opinion n'est pas fixée, donc il faut nous laisser un peu de temps. Désormais ce délai est inscrit dans l'avis d'audience même s'il n'est écrit nulle part et s'il n'y a pas de texte qui l'impose. Mais c'est un délai pour permettre au justiciable de répondre et qu'on peut considérer comme raisonnable, comme nécessaire. Voilà, donc on s'adapte et on va essayer de faire pour le mieux.

M. Jean-Marc Le Gars, président de la Cour administrative d'appel de Lyon – Je réagis à l'observation de M. Rouquette sur le délai de 48 heures. En réalité ce que l'ont fait c'est qu'on rend public le sens des conclusions sur le réseau Sagace mais aussi ailleurs si besoin (téléphone ou fax au greffe par exemple). Bref, l'information est à disposition des intéressés. Si c'est 48 heures, en tout cas, c'est dans le délai de trois jours et c'est donc lié, il faut bien s'en rendre compte à la clôture automatique trois jours avant l'audience et pour ne pas relancer le débat.

La question du week-end interpelle les chefs de juridictions et en réalité l'aménagement sera sans doute dans l'aménagement de la clôture de l'instruction et l'évolution viendra très sûrement assez prochainement.

Autre observation, simplement pour relever que lorsque les conclusions sont favorables à un plaignant cela raccourcit singulièrement les observations de l'avocat…

Mme Brigitte Jarreau, rapporteur public à la Cour administrative d'appel de Versailles – Je vous remercie beaucoup Monsieur le Président d'avoir rappelé que le rapporteur public ne fait pas nécessairement des conclusions détaillées et que la formule des avocats aux Conseils est « j'appelle l'attention, je signale » car si je partage votre bilan tout à fait positif de l'expérimentation, c'est vrai qu'on a constaté cette semaine qu'il y a eu quelques dérapages à l'audience où la formule utilisée n'était pas celle de l'univers policé des avocats aux Conseils et je tenais à rappeler devant nos jeunes amis étudiants, futurs avocats pour certains, qu'on n'est pas dans un petit jeu de chamboule-tout où il faut essayer de contester le rapporteur public quand on n'est pas d'accord avec lui. Il y a eu quelques manières de procéder ou des tournures de phrases quelque peu malheureuses. Je pense que tout cela va rentrer dans l'ordre même si certains avocats plus pénalistes que publicistes ou des parties non représentées risquent de déraper mais ce sera alors aux présidents de juridictions de recadrer les choses et de placer la ligne jaune mais le bilan est effectivement globalement positif. Par exemple, je pense à un cas où j'avais des émis des hésitations et où les avocats ont su rebondir et faire hésiter la formation de jugement quant à la solution à adopter.

M. Laurent Richer, professeur à l'Université Paris I – Maître Gossement veut réagir mais avant on pourrait peut-être dire « retour aux sources » car au fond le commissaire du gouvernement s'appelait au départ « ministère public » et peut-être est-ce une erreur fondamentale de permettre qu'on lui réponde compte tenu de ce qu'il est devenu, c'est une confusion entre son rôle et celui du ministère public comme en témoignerait l'agressivité de certains.

M. Arnaud Gossement, avocat à la Cour – Madame je crois que les rapporteurs publics doivent prendre l'habitude qu'on leur réponde. Pour les avocats, il est important de défendre leur client et de réagir lorsque le rapporteur public peut lui aussi critiquer le travail de l'avocat de façon très peu policée, ce qui m'est arrivé encore très récemment dans un tribunal administratif. Donc il peut arriver parfois, dans un sens comme dans l'autre, qu'une certaine incompréhension s'installe et alors certains avocats peuvent aussi réagir quand ils voient leurs conclusions qualifiées de creuses ou autres expressions peu agréables.

ÉLÉMENTS DE BIBLIOGRAPHIE

• Ouvrages

BON P. (dir.), *Trente ans d'application de la Constitution espagnole,* Dalloz, 2009.

BIGOT G. et BOUVET M. (dir.), *Regards sur l'histoire de la justice administrative*, Litec, 2006.

CASSIA P., *Pratique des référés précontractuels,* Litec, 2008.

Comité national chargé de la publication des travaux préparatoires des institutions de la Ve République, *Documents pour servir à l'histoire de l'élaboration de la Constitution du 4 octobre 1958*, La Documentation française, 1987-1994 (4 t.).

Conseil d'État, Deuxième centenaire du Conseil d'État, *La Revue administrative*, n° spécial, 1999.

COSSALTER P., *Le référé précontractuel et le référé contractuel,* Territorial éditions, 2010.

DENIZEAU C., *Existe-t-il un bloc de constitutionnalité ?,* LGDJ, 1997.

DRAGO G. (dir.), *L'application de la Constitution par les Cours suprêmes*, Dalloz, 2007.

L'Écriture de la Constitution de 1958 – Trentième anniversaire de la Constitution de la Ve République, Economica, PUAM, 1992.

FOUGÈRE L. (dir.), *Le Conseil d'État, son histoire à travers les documents d'époque. 1799-1974*, Paris, CNRS, 1974.

GONOD P., *La Présidence du Conseil d'État républicain*, Dalloz, 2005.

GRANGE C., *La loi MOP,* Le Moniteur, 2e éd., 2010.

JAN P., *Le procès constitutionnel,* LGDJ, 2e éd., 2010.

LUCHAIRE F., CONAC G., PRÉTOT X. (dir.), *La Constitution de la République française*, Paris, Economica, 3e éd., 2009.

MATHIEU B. (dir.), *Cinquantième anniversaire de la Constitution française*, Paris, Dalloz, 2008.

MATHIEU B. et VERPEAUX M., *Les lois organiques et la mise en œuvre de la révision constitutionnelle,* Dalloz, 2009.

DE MONTALIVET P., *Les objectifs de valeur constitutionnelle,* Dalloz, 2006.

PLATON S., *La coexistence des droits fondamentaux constitutionnels et européens dans l'ordre juridique français ?*, LGDJ, 2008.

RICHER L., *Droit des contrats administratifs*, LGDJ, 7e éd., 2010.

ROBLOT-TROIZIER A., *Contrôle de constitutionnalité et normes visées par la Constitution française,* Paris, Dalloz, 2007.

ROUSSEAU D. (dir.), *La question prioritaire de constitutionnalité*, Lextenso éditions, 2010 ; *Le Conseil constitutionnel en question(s),* L'Harmattan, 2004 ; ROUSSEAU D., SUDRE F. (dir.), *Le Conseil constitutionnel et la Convention européenne des droits de l'homme*, STH, 1990.

ROUSSILLON H., *Le Conseil constitutionnel*, Paris, Dalloz, (6e éd. actualisée par P. ESPLUGAS), 2008.

VERDUSSEN M., *La saisine du juge constitutionnel. Aspects de droit comparé*, Bruxelles, Bruylant, 1998.

VERPEAUX M., *Droit constitutionnel,* PUF, 2e éd., 2008 ; *Le Conseil constitutionnel*, s.d. avec M. BONNARD, Études de La Documentation française, 2007.

Voir également :

Le dialogue des juges. Mélanges en l'honneur du Président Genevois, Paris, Dalloz, 2009.

Juger l'administration, administrer la justice – Mélanges en l'honneur du Président Labetoulle, Dalloz, 2007.

Renouveau du droit constitutionnel – Mélanges en l'honneur de Louis Favoreu, Dalloz, 2007.

La Constitution et les valeurs– Mélanges en l'honneur de Dmitri Georges Lavroff, Dalloz, 2005.

L'esprit des institutions, l'équilibre des pouvoirs Mélanges en l'honneur de Pierre Pactet, Dalloz, 2003.

Protection des droits de l'homme : la perspective européenne / Protecting Human Rights : the European Perspective, Mélanges à la mémoire de Rolv Ryssdal (dir. P. MAHONEY), Carl Heymanns Verlag KG, 2000.

Les droits de l'homme au seuil du troisième millénaire. Mélanges en hommage à Pierre Lambert, Bruxelles, Bruylant, 2000.

• **Rapports :**

Activité juridictionnelle et consultative des juridictions administratives, Rapport public du Conseil d'État, La Documentation française, avril 2010.

Droit au logement, droit du logement, Rapport public du Conseil d'État, La Documentation française, (*EDCE* n° 60), 2009.

Les recours administratifs préalables obligatoires, Rapport d'étude du Conseil d'État, (dir. O. Schrameck), La Documentation française, septembre 2008.

Rapport du Comité de réflexion et de proposition sur la modernisation et le rééquilibrage des institutions de la Ve République présidé par E. Balladur, *Une Ve République plus démocratique,* Fayard, La Documentation française, 2008.

Rapport J.-L. Warsmann au nom de la Commission des lois constitutionnelles, de la législation et de l'administration générale de la République sur *le projet de loi constitutionnelle de modernisation des institutions de la Ve République*, Assemblée nationale, n° 892, mai 2008.

Rapport J.-J. Hyest au nom de la commission des lois sur le *projet de loi constitutionnelle de modernisation des institutions de la Ve République, Sénat*, n° 387, juin 2008.

Rapport J.-L. Warsmann au nom de la Commission des lois constitutionnelles, de la législation et de l'administration générale de la République sur *le projet de loi organique relatif à l'article 61-1 de la Constitution*, Assemblée nationale, n° 1898, septembre 2009.

Rapport H. Portelli au nom de la commission des lois sur *le projet de loi organique relatif à l'article 61-1 de la Constitution, Sénat,* n° 637, septembre 2009.

Rapport sur *Les actions de groupe,* Étude de législation comparée, *Sénat,* n° 206, 6 mai 2010.

Rapport sur les actions de groupe, Groupe de travail présidé par G. Cerutti et M. Guillaume, 16 décembre 2005.

Troisième rapport annuel du *Comité de suivi de la mise en œuvre du droit au logement opposable*, octobre 2009.

Collection SYSTÈMES

La collection « Systèmes » entend répondre au besoin de synthèse et de spécialisation des savoirs qui s'affirme aujourd'hui. Destinée aux étudiants mais également à un public plus large, elle présente des ouvrages clairs et concis, permettant aux lecteurs d'approfondir leurs connaissances sur des sujets tels que droit constitutionnel, droit administratif, droit des affaires, droit civil, droit social, économie, administration, finances publiques, fiscalité, finances locales, sociologie et philosophie juridiques, questions européennes et droit communautaire...

ABATE B. : *La nouvelle gestion publique,* 2000.
ALLIX D. : *Le droit pénal,* 2000.
AUBY J.-B. : *La décentralisation et le droit,* 2006.
AUBY J.-B. : *La globalisation, le droit et d'État,* 2e éd., 2010.
BARILARI A. : *L'État de droit, réflexion sur les limites du juridisme,* 2000.
BARILARI A. et PRAT M. : *Les contrôles financiers, comptables, administratifs et juridictionnels des finances publiques, 2003.*
BARILARI A. et BOUVIER M. : *La LOLF et la nouvelle gouvernance financière de l'État,* 3e éd., 2010.
BARILARI A. : *La modernisation de l'administration,* 1994.
BARILARI A. : *Réussir vos dissertations,* 1995.
BASDEVANT-GAUDEMET B. (sous la direction de) : *Contrat ou institution : un enjeu de société,* 2004.
BASTION J.-CL. et CHABANNIER N. : *Le droit des élections locales,* 2004.
BIGAUT CH. : *La responsabilité pénale des hommes politiques,* 1996.
BIGAUT CH. : *Les cabinets ministériels,* 1997.
BLANC J. : *Les péréquations dans les finances locales,* 1996.
BLANC J. : *Finances locales comparées,* 2002.
BLUMANN CL. : *La fonction législative communautaire,* 1995.
BOISSEAU J.-L. : *Stratégie et tactiques de la presse territoriale,* 1996.
BORRAS P. et GARAY A. : *Le contentieux du recouvrement fiscal,* 1994.
BOSSIS G. et ROMI R. : *Droit du cinéma,* 2004.
BOUINOT J. : *La ville intelligente,* 2004.
BOURJOL M. : *La coopération intercommunale,* 1996.
BOUTAYEB C. : *Droit matériel de l'Union européenne,* 2009.
BOUVIER M. : *Introduction au droit fiscal général et à la théorie de l'impôt,* 10e éd., 2010.
BOUVIER M. : *Les finances locales,* 13e éd., 2010.
BRANCHET B. : *La révision de la Constitution sous la Ve République,* 1994.
BRANCHET B. : *La fonction présidentielle sous la Ve République,* 2008.
BREHON N.-J. : *Le budget de l'Europe,* 1997.
BRURON J. : *Droit pénal fiscal,* 1993.
BRURON J. : *Droits et garanties du contribuable vérifié,* 1991.
BRURON J. : *Le contrôle fiscal,* 1991
BUSSY F. *et* POIRMEUR Y. : *La justice politique en mutation, 2010.*
CALAMARTE-DOGUET M.-G. : *Le droit de la recherche*, 2005.

CALVES G. et HEYMANN-DOAT A. : *Libertés publiques et droits de l'homme*, 9e éd., 2008.
CAMBY J.-P. (coordonné par) : *La réforme du budget de l'État*, 3e éd., 2011.
CASSIA P. : *Les référés administratifs d'urgence*, 2003.
CHABANOL D. : *Le juge administratif*, 1993.
CHAMBON F. et GASPON O. : *La déontologie administrative*, 1997.
CHEVALLIER J. : *Institutions politiques*, 1996.
CHIAVERINI PH. et MARDESSON D. : *Tribunaux administratifs et cours administratives d'appel*, 1996.
COMMUNIER J.-M. : *Le droit communautaire des aides d'État*, 2000.
COTTIN S. : *La gestion de la documentation juridique*, 2011.
DEFFERRARD F. : *Le suspect dans le procès pénal*, 2005.
DELION A. : *Droit des entreprises et participations publiques*, 2003.
DELOT D. : *Fiscalité personnelle des dirigeants d'entreprise*, 2003.
DELOT D. : *La responsabilité fiscale des dirigeants d'entreprise*, 2003.
DEMEESTÈRE R. : *Le contrôle de gestion dans le secteur public*, 2e éd., 2005.
DESTAIS N. : *Le système de santé : organisation et régulation*, 2003.
DONNAT F. : *Contentieux communautaire de l'annulation*, 2008.
DOUAY M. : *Le recouvrement de l'impôt*, 2005.
DUGRIP O. et SAÏDJ L. : *Les établissements publics nationaux*, 1992.
DUPUIS G. : *Le centre et la périphérie en France*, 2000.
DURAND V. et SALLÉ V. : *Introduction à l'analyse financière de l'entreprise*, 1997.
FIALAIRE J. : *Le droit des services publics locaux*, 1998.
GAUVIN A. : *La nouvelle gestion du risque financier*, 2000.
GILLES W. : *Les principes budgétaires et comptables publics*, 2009.
GOUIRAND P., SPINDLER J. et DURAND H. : *Économie et politique du tourisme*, 1994.
GOURION P.-A., PEYRARD G. et SOUBEYRAND N. : *Droit du commerce international*, 4e éd., 2008.
GOURION P.-A. et RUANO-PHILIPPEAU M. : *Droit de l'internet dans l'entreprise*, 2003.
DU GRANRUT Cl. : *La citoyenneté européenne*, 1997.
DU GRANRUT Cl. : *Une Constitution pour l'Europe*, 2004.
GHÉRARI H. : *Relations internationales*, 2010.
GRÉGOIRE L. : *Le dépôt de bilan*, 1997.
GRYNFOGEL C. : *Droit communautaire de la concurrence*, 3e éd., 2008.
GUETTIER Ch. : *La responsabilité administrative*, 1996.
GUÉVEL D. : *Droit des successions et des libéralités, 2e éd.*, 2010.
GUÉVEL D. : *Droit du commerce et des affaires*, 3e éd., 2007.
GUGLIELMI G.-J. : *Introduction au droit des services publics*, 1994.
HAMON F. : *Le référendum. Étude comparative*, 1995.
HAMON F. : *Droit des fonctions publiques*, vol. 1 : *Organisation et gestion*, 2002, vol. 2 : *Carrières, droit et obligations*, 2002.
HAMONIAUX T. : *L'intérêt général et le juge communautaire*, 2001.
HAQUET A. : *La loi et le règlement*, 2007.
HECKLY C. : *Fiscalité et mondialisation*, 2006.
HEEM V. et HOTTE D. : *La lutte contre le blanchiment des capitaux*, 2004.
HOURQUEBIE F. : *Le pouvoir juridictionnel en France*, 2010.
ISAÏA H. : *L'évaluation des nouveaux contrats de plan État-Région (2000-2006)*, 1999.
JAN P. : *Le procès constitutionnel*, 2e éd., 2010.

JEULAND E. : *Droit processuel*, 2003.
JOIN-LAMBERT CH. (sous la direction de) : *L'État moderne et l'administration*, 1994.
KERNINON J. : *Les cadres juridiques de l'économie mixte*, 2e éd., 1994.
KHAYAT D. : *Le droit du surendettement des particuliers*, 1997.
LABIA P. et BERNARD-GÉLABERT M.-C. : *Zones d'aménagement du territoire, Mode d'emploi*, 1997.
LABIE F. : *La fiscalité du sport*, 2000.
LACHAUME J.-F. : *L'administration communale*, 2e éd., 1997.
LAMARQUE D. : *L'évaluation des politiques publiques locales*, 2004.
LAPOUBLE J.-C. : *Droit du sport*, 1999.
LAURENT Ph. : *Décentralisation : en finir avec les idées reçues*, 2009.
LAURENT Ph. et BOYER B. : *La stratégie financière des collectivités locales*, 2e éd., 1997.
LAVAL N. : *Le juge pénal et l'élu local*, 2002.
LE JEUNE P. : *Introduction au droit des relations internationales*, 1994.
LEMMET J.-F. et THOMAZO PH. : *Le statut des agents territoriaux, mode d'emploi, 2010.*
LEYGUES J.-C. : *Les politiques internes de l'Union européenne*, 1994.
LONDON C. : *Environnement et instruments économiques et fiscaux*, 2001.
LONG M. : *La tarification des services publics locaux*, 2001.
MAGNET J. : *Éléments de comptabilité publique*, 5e éd., 2001.
MAGNET J. : *Les comptables publics*, 2e éd., 1998.
MAGNET J. : *Les gestions de fait*, 2e éd., 2001.
MAILLOT D. et FONTERS J.-L. : *La fiscalité des professions libérales*, 1992.
MAISL H. : *Le droit des données publiques*, 1996.
MALAURIE-VIGNAL M. : *L'abus de position dominante*, 2003.
MANESSE J. : *L'aménagement du territoire*, 1998.
MARIEL F. et WEYBERT J. : *Le droit des sociétés par actions et ses implications comptables*, 2004.
MARKUS J.-P. : *Les juridictions ordinales*, 2003.
MARTIN J.-L. et CABANIS A. : *Histoire constitutionnelle et politique de la France de la Révolution à nos jours*, 2000.
MARTINAT P. : *Les régions, Clefs de la décentralisation*, 2010.
MATT J.-L. : *La Sécurité sociale : organisation et financement*, 2001.
MATTRET J.-B. : *L'analyse financière des communes*, 3e éd., 2009.
MATTRET J.-B. : *La nouvelle comptabilité publique*, 2010.
MELIN F. : *La faillite internationale*, 2004.
MELIN F. : *Droit des obligations*, 2006.
MESTRALLET G., SAMSON J. et TALY M. : *La réforme de la gouvernance fiscale*, 2005.
MIALON M.-F. : *Les pouvoirs de l'employeur*, 1996.
MIALON M.-F. : *Les relations collectives dans l'entreprise*, 1999.
MOLINIER J. et DE GROVE-VALDEYRON N. : *Droit du marché intérieur européen*, 2e éd., 2008.
MOLINIER J. et LOTARSKI J. : *Droit du contentieux de l'Union européenne*, 3e éd., 2010.
MONJAL P.-Y. : *Droit européen des collectivités locales*, 2010.
MORAUD J.-CH. et PICQUENOT L. : *La nouvelle comptabilité des communes : un guide pour la M14*, 1996.
MORDACQ F. : *La LOLF, un nouveau cadre budgétaire pour réformer l'État*, 2006.

MORDACQ F. : *La réforme de l'État par l'audit*, 2009.
MULLER-QUOY I. : *Le droit des assemblées locales,* 2001.
NEFRAMI E. : *L'action extérieure de l'Union européenne*, 2010.
NICINSKI S. : *Droit public de la concurrence,* 2005.
ORSONI G. : *L'administration de l'économie,* 1995.
PASTOREL J.-P. : *L'expertise dans le contentieux administratif,* 1994.
PELLAS J.-R. : *La fiscalité du patrimoine culturel,* 2003.
PELLET R. : *Finances sociales : économie, droit et politique,* 2001.
PELLISSIER G. : *Le principe d'égalité en droit public,* 1996.
PERTEK J. : *Les avocats en Europe,* 2000.
PETIT Y. : *Droit international et maintien de la paix,* 2000.
POUSSIN Ph. : *Histoire des idées économiques de Platon à Adam Smith,* 1994.
RAMPELBERG R.-M. : *Repères romains pour le droit européen des contrats,* 2005.
RANSAN N. et F. : *Les successions, aspects civils et fiscaux,* 2e éd., 1995.
RASERA M. : *La démocratie locale,* 2002.
RICHER D. : *Les droits du contribuable dans le contentieux fiscal,* 1997.
ROLIN E. : *Le Conseil d'État, juge de l'extradition,* 1999.
ROUSSET M. : *L'action internationale des collectivités locales,* 1998.
ROUTIER R. : *La responsabilité du banquier,* 1997.
SAURON J.-L. : *Droit communautaire et décision nationale,* 1998.
SCHULTZ P. : *Éléments du droit des marchés publics,* 2e éd., 2002.
SORTAIS J.-P. : *Entreprises en difficulté, les mécanismes d'alerte et de conciliation,* 2010.
SOUSSE M. : *Droit public des contrats de construction,* 1998.
TEITGEN-COLLY C. (sous la direction de) : *Les perspectives contentieuses des réformes de la justice administrative*, 2011.
STIRN B. : *Les sources constitutionnelles du droit administratif,* 6e éd., 2008.
TERRAZZONI A. : *L'administration territoriale en Europe,* 1992.
VALLEMONT S. (sous la direction de) : *Le débat public : une réforme dans l'État,* 2001.
ZILLER J. : *Les Dom-Tom,* 3e éd., 2001.

IMPRIM'VERT®

Lextenso éditions – LGDJ
Dépôt légal : janvier 2011

Composition : Laser Graphie
Achevé d'imprimer par Corlet, Imprimeur
N° d'imprimeur : 134936